经世济民

诚信服务

德法兼修

icve
智慧职教

高等职业教育在线开放课程
新形态一体化教材

高等职业教育商贸类专业群
物流类专业智慧物流系列教材

智慧仓配运营

- 主　编　程兆兆　李　滨
- 副主编　彭小剑　周　烁
　　　　　涂　欢

中国教育出版传媒集团
高等教育出版社·北京

内容提要

本书是高等职业教育商贸类专业群物流类专业智慧物流系列教材。

"智慧仓配运营"是《职业教育专业目录（2021年）》和《职业教育专业简介（2022年修订）》中物流类专业的专业核心课程之一。本书立足立德树人理念，以核心素养为本，构建智慧仓配运营专业技能结构体系。本书内容主要包括智慧仓配基本知识、智慧仓配运营设施设备、智慧仓配运营规划布局、智慧仓储作业流程、智慧配送、库存管理与控制、智慧仓配成本与绩效管理这七章内容。每章都设有学习目标、思维导图、引导案例、智慧仓配与中国经济、同步测试、综合实训等栏目，并配有数字化教学资源，满足学习者线上线下混合式学习的需要。

本书既可以作为高等职业教育专科、本科院校和应用型本科院校的物流类专业及其他相关专业的教材，也可以作为物流工作者的参考用书。

本书提供智慧职教在线开放课程、二维码教学资源、教学课件、习题答案等类型丰富的数字化教学资源。教师如需获取本书授课用PPT、电子教案、习题答案等配套资源，请登录"高等教育出版社产品信息检索系统"（xuanshu.hep.com.cn）免费下载。

图书在版编目（CIP）数据

智慧仓配运营 / 程兆兆, 李滨主编. -- 北京：高等教育出版社, 2024.10
ISBN 978-7-04-062170-9

Ⅰ.①智… Ⅱ.①程… ②李… Ⅲ.①智能技术－应用－仓库管理－高等职业教育－教材②智能技术－应用－物流管理－高等职业教育－教材 Ⅳ.①F25-39

中国国家版本馆CIP数据核字(2024)第095698号

智慧仓配运营
ZHIHUI CANGPEI YUNYING

策划编辑 康 蓉　责任编辑 王 沛　刘其芸　封面设计 赵 阳　版式设计 徐艳妮
责任绘图 马天驰　责任校对 刘娟娟　　　　　责任印制 沈心怡

出版发行　高等教育出版社　社址　北京市西城区德外大街4号　邮政编码 100120
购书热线 010-58581118　咨询电话 400-810-0598
网址 http://www.hep.edu.cn　http://www.hep.com.cn
网上订购 http://www.hepmall.com.cn　http://www.hepmall.com　http://www.hepmall.cn

印刷　河北环京美印刷有限公司　　开本 787mm×1092mm 1/16　印张 13.75
字数 230千字　版次 2024年10月第1版　印次 2024年10月第1次印刷
定价 45.00元

前　言

党的二十大报告提出，加快建设现代化经济体系，着力提高全要素生产率，着力提升产业链供应链韧性和安全水平，着力推进城乡融合和区域协调发展，推动经济实现质的有效提升和量的合理增长。"十四五"期间，我国现代物流业立足新发展阶段，贯彻新发展理念，构建新发展格局，全力推进高质量发展。

随着大数据、云计算、人工智能、区块链等新技术加快推广应用，建设高效的物流体系已成为物流业发展的基本要求。智慧物流体系的普及是中国物流业发展和转型的必由之路，以现代信息技术为标志的智慧物流正步入快速发展阶段。在此背景下，智慧物流的发展对物流人才提出了新的要求。

本教材正是在这样的背景下编写的，编写团队通过到企业调研，根据企业相关岗位对专业技能的要求，以及高职学生的学习规律和特点，对教材内容进行了精心梳理。本教材内容系统规范，逻辑严谨，具有以下鲜明特色：

一、坚持立德树人根本任务

本教材编写团队落实立德树人根本任务，在编写过程中将课程思政元素潜移默化地融入教材内容中，激发学生的学习兴趣和爱国情怀，让学生树立为中华民族伟大复兴、科技强国而努力学习的使命感。通过整理、挖掘与教材内容相关的课程思政材料和资源，将智慧仓配运营的知识学习与价值引领相融合，在实现学生专业能力培养的同时，发挥教材培根铸魂的作用，激发学生的学习动力，帮助学生树立正确的人生观和价值观。

二、坚持产教融合，校企双元开发

本教材编写团队由江西现代职业技术学院教师与江铃汽车股份有限公司物流部专家组成，校企双元合作开发。本教材在编写过程中，吸收了中国物流与采购联合会专家、各企业专家的宝贵意见，将智慧物流、智慧仓配的新技术、新标准融入教材。以知识学习为基础，以技能训练为重点，面向智慧仓配运营行业前沿，充分满足高职院校现代物流管理、物流工程技术与供应链相关专业的教学需求，为培养优秀的智慧物流与供应链人才提供强有力的支撑。

三、彰显职教特色，适应数字化时代的变革要求

"智慧仓配运营"是《职业教育专业目录（2021年）》和《职业教育专业简介（2022年修订）》中物流类专业的专业核心课程。本教材坚持以专业核心素养培育为本，构建智慧仓配运营专业技能结构体系。同时，本教材的配套在线开放课程曾获评江西省职业院校精品在线开放课程和江西省职业教育装备制造类精品在线开放课程。目前，该课程已在智慧职教平台上线，课程资源丰富，内容新颖，各类数字化资源同步建设，能够较好地满足线上线下混合式教学的需要。

本教材由江西现代职业技术学院程兆兆、李滨担任主编，江西现代职业技术学院彭

小剑、周烁和江铃汽车股份有限公司涂欢担任副主编，江西现代职业技术学院章成成、余艺也参与了编写。本教材由李滨负责所有章节的设计和统筹工作。编写分工如下：第一章和第六章由程兆兆和李滨共同编写，第二章由周烁编写，第三章由余艺编写，第四章由彭小剑编写，第五章由涂欢编写，第七章由章成成编写。

由于编者水平及时间有限，书中难免存在疏漏与不足之处。恳请广大读者批评指正，以使本书日臻完善。

编者
2024 年 9 月

目　录

第一章
智慧仓配基本知识 /1

第一节　智慧仓配概述 /4
第二节　智慧仓配体系的构成 /9
第三节　智慧仓配的发展与应用 /13

第二章
智慧仓配运营设施
设备 /21

第一节　仓库的分类 /24
第二节　智慧仓储设施设备 /28
第三节　配送的分类 /32
第四节　智慧配送设施设备 /36

第三章
智慧仓配运营规划
布局 /43

第一节　智慧仓储系统与仓库选址规划 /46
第二节　智慧仓库作业规划 /51
第三节　智慧配送作业规划 /63

第四章
智慧仓储作业流程 /73

第一节　入库作业 /76
第二节　在库作业 /94
第三节　出库作业 /113

第五章
智慧配送 /127

第一节　智慧配送的基本内容 /129
第二节　智慧配送系统 /138
第三节　智慧配送作业 /140

第六章
库存管理与控制 /157

第一节　库存管理概述 /160
第二节　库存管理与控制的方法 /166

第七章
智慧仓配成本与绩效
管理 /181

第一节　智慧仓储成本管理 /184

第二节　智慧仓储绩效管理 /188

第三节　智慧配送成本管理 /196

第四节　智慧配送绩效管理 /202

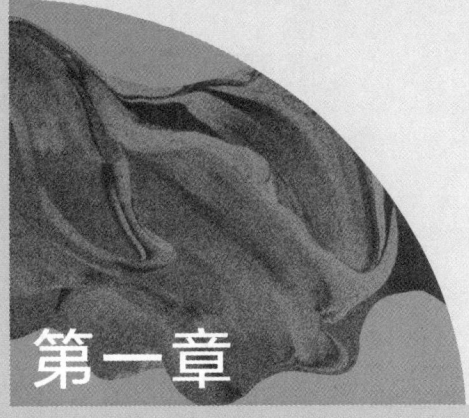

第一章

智慧仓配基本知识

学习目标

//素养目标//
- 培养智慧仓配管理工作人员的全局意识和大局意识
- 培养智慧仓配管理工作人员精益求精的工匠精神
- 培养智慧仓配管理工作人员吃苦耐劳的劳动观念

//知识目标//
- 了解仓储配送和智慧仓配的含义
- 掌握智慧仓配的基本功能及特点
- 掌握智慧仓配体系的构成以及发展与应用

//技能目标//
- 能够把握智慧仓配的发展趋势
- 能够正确运用智慧仓配信息系统

思维导图

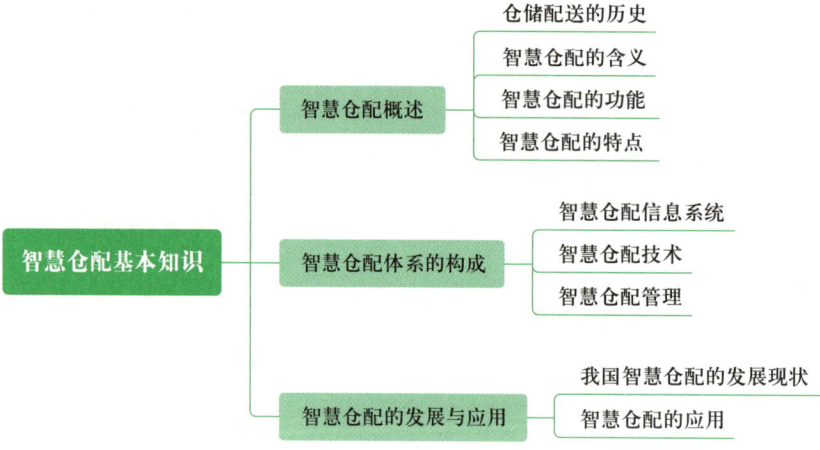

智慧物流，让生产更高效生活更便利

2023年的"双11"购物节掀起了一波消费热潮，全国快递行业揽收快件超52.64亿件，最高日处理量超过6.39亿件。许多消费者惊喜地发现：以往订单量激增导致的快递"爆仓"现象基本没了，反而是"昨晚刚下单，今早就到货"。

在快递处理工作量堪称"海量"的情况下，货物是如何实现快速送达的？这背后，智慧物流功不可没。

1. 多个环节实现智能化

近年来，随着人工智能、大数据、云计算、物联网等技术的发展，物流行业在多个环节正逐步实现智能化。智慧物流不仅提高了效率，还显著降低了成本，增强了安全保障。

在快递分拣环节，以前只能靠一个个拣货员先一次次地拿起包裹扫描二维码，然后根据包裹上贴的面单信息将包裹放到代表相应配送位置的区域，不仅效率低，而且容易出错。如今，以智能分拣装备为核心的多类型技术装备的广泛应用，大大提高了快递分拣的效率，解决了困扰行业多年的"爆仓"问题。

物流行业的智能化发展，不仅能改善消费者的线上购物体验，而且能为生产和生活提供各种便利。

在位于浙江慈溪滨海经济开发区的公牛智能仓库，只需要4个人、1个班次，就能够拣选1.2万箱货物，而传统分拣方式需要20个人才能完成同样的工作量。而在民航机场，智能行李分拣机能够自主完成从行李托运、运输、分拣到行李提取等系列环节的无人化工作，极大地提高了机场的运行效率。

智慧物流不仅应用在仓储、运输、配送等硬件层面的环节，而且应用于物流供应链规划、智慧决策、物流云等软件层面的场景。京东物流自主研发的仓储、运输及订单管理系统，支持客户供应链的全面数字化，通过专有算法，为销售预测、商品配送规划及供应链网络优化等作出更好的决策。

2. 新一代信息技术的深度应用

智慧物流中新一代信息技术的深度应用给物流行业和人们的生产生活带来了前所未有的改变。

京东"亚洲一号"武汉物流园的新一代智能控制系统，是这个庞大物流中心的智能大脑。它可以在0.2秒内计算出300多个机器人运行的680亿条可行路径，并作出最佳选择。分拣智能搬运机器人系统"小红人"在智能大脑的调度下，无论多忙碌，都不会撞车；如果遇上"堵车"，就会自动重新规划路线；如果没电，还会自动返回充电站充电。

上述场景，在传感器及识别、大数据、人工智能、地理信息系统等多项先进技术的支撑下，越来越多地在国内各类物流行业中出现。

在传统仓储中，需要先人工对货物进行扫描、分拣以及入库，然后再手动将货物信息录入系统。而在智慧仓储中，传感器及识别技术的应用让一切变得既简单又高效。

通过安装射频识别技术（Radio Frequency Indentification，RFID）标签对货物、托盘和操作硬件等资产进行标记，传送订单内容和位置等信息，工作人员就可以轻松获取每一件货物的所在位置，并实时监控货物的出入库情况，及时清点库存。

此外，在快递行业，基于深度神经网络的细粒度分拣码自动生成引擎技术，实现了对货品位置的自学习与自分析，能够自动生成分拣和配送编码，直接取代了传统的邮政编码，实现了海量包裹的快速分拣和配送。

【引例分析】

自动化、智能化技术能够让物流作业提高效率、降低成本、增强安全保障，是智慧物流得以更大规模应用的主要因素。此外，将新兴技术与物流场景充分融合，使得物流成为前沿科技的应用场景，也是中国物流行业应持续努力的方向。

第一节
智慧仓配概述

一、仓储配送的历史

仓储活动在中国历史上可以追溯到 5 000 多年前的母系氏族原始社会，当时就出现了窖穴。在位于西安半坡村的仰韶文化半坡遗址中，人们可以看到仓库的雏形——"仓"。仓廪充实曾是我国古代各级官员的工作目标。西汉时期建立的常平仓是我国历史上最早的由国家经营的仓储，它是政府为调节粮价、储粮备荒而设置的粮仓。

现代仓储在传统仓储的基础上增加了库内加工、分拣、库内包装等环节。仓储是生产制造与商品流通的重要环节之一，也是物流活动的重要环节。20世纪80年代以后，随着改革开放的深入发展，生产力得到了巨大提升，社会主义市场经济初步形成。商品市场、生产市场逐渐繁荣，一部分企业为了在竞争中占据主动位置，对部分商品采取送货上门的方法，这就是我国配送产业的发展雏形。从20世纪90年代至今，随着国外物流理念被引入我国，人们认识到在流通领域中，可从物流环节挖掘出巨大利润空间，于是专业的物流配送公司应运而生。消费市场由卖方市场转变为买方市场，彻底改变了传统的商业流通模式。

仓储管理
历史

在现代物流体系中，仓储配送是重要组成部分之一。根据中华人民共和国国家标准《物流术语》（GB/T 18354—2021），仓储是指利用仓库及相关设施设备进行物品的入库、储存、出库的活动；配送是指根据客户要求，对物品进行分类、拣选、集货、包装、组配等作业，并按时送达指定地点的物流活动。智慧仓配主要提供订单产生后阶段的一体化解决方案，以提升客户享受仓配服务时的体验。智慧仓配主要有4类不同的形式：平台开放型云仓，如京东、苏宁和菜鸟网络等；快递公司型云仓，如顺丰、百世等；第三方物流企业，如DHL等；生产制造类货主，这类企业通过第三方物流托管或自建物流实现仓配运营。

二、智慧仓配的含义

根据中华人民共和国国家标准《物流术语》（GB/T 18354—2021），智慧物流是指以物联网技术为基础，综合运用大数据、云计算、区块链及相关信息技术，通过全面感知、识别、跟踪物流作业状态，实现实时应对、智能优化决策的物流服务系统。

智慧仓配是智慧物流的重要节点，是指仓储配送数据接入互联网系统，先通过对数据的提取、运算、分析、优化、统计，再通过对物联网、自动化设备、仓库管理系统（Warehouse Management System，WMS）、仓库控制系统（Warehouse Control System，WCS）的使用，以及拣选、集货、包装、组配等作业，实现对仓配一体化的智慧管理、计划与控制。

智慧仓配系统是智慧仓配的实现形式，是由仓储设备系统、配送系统、信息识别系统、智能控制系统、监控系统、信息管理系统中的两个及两个以上子系统组成的智能自动执行系统，具有对信息进行智能感知、处理和决策，对仓储配送设备进行智能控制和调度，自动完成仓配作业的执行与流程优化的功能。

三、智慧仓配的功能

（一）基本功能

1. 储存功能

储存是指在特定的场所，将物品收存并进行妥善保管，确保被储存的物品不受损害的活动。现代社会生产的一个重要特征就是专业化和规模化生产。由于劳动生产率极高，产量巨大，绝大多数产品都不能被及时消费，只有经过仓储手段进行储存，才能避免生产过程堵塞，保证生产过程能够持续进行。智慧仓配一体化提升了货物入库出库、配送的效率。具体来说，智慧仓配一体化实现了货物非接触式的出库入库检验，并将问题货物的标签信息写入，实现了检验信息与后台数据库的联动，提高了货物盘库的效率。仓库管理员持移动式阅读器完成货物非接触式的盘库作业，能够缩短盘库的周期，降低盘库的人工成本，且盘库信息与后台的数据库联动，可进行自动校验，提高了货物移动的效率。

2. 保管功能

生产出的产品在消费之前，必须得到妥善保管以保持其使用价值，否则将会被废弃。这项任务就需要由仓储来承担。在仓储过程中，对产品进行保护、管理，防止因损坏而丧失价值，因此在保管过程中就要选择合适的储存场所，采取先进的技术、合理的保管措施、合适的养护措施，妥善保管仓储物，从而保证仓储物的质量不发生变化。当仓储物发生危险时，仓储管理人员应及时通知货主，并采取有效可行的措施减少损失。

智慧仓配实现了对仓库中的货物在调拨过程中的全方位实时管理，能够准确而快速地定位要移动的货物，提高了工作效率。通过对需要移动的货物进行移库分析，找出货物的最佳存放地点，实现仓库管理智能化。各类仓库的货物单据报表能够快速生成，问题货物能够实时预警，在特定条件下货物能够自动提示。通过信息联网与智能管理，能够形成统一的信息数据库，为供应链整体运作提供了可靠依据。

3. 流通控制功能

智慧仓配既可以长期进行，也可以短期开展，对存期的控制自然就形成了对流通的控制。另外，交易的需要决定了在一定时期内物品是储存还是流通，这就是仓储的"蓄水池"功能。当交易不利时，可以将物品储存，等待有利的交易机会。流通控制就是指对物品是仓储还是流通作出安排，确定储存时机，计划存放时间，选择储存地点的一系列活动。

（二）增值服务功能

1. 交易中介功能

智慧仓配企业不但拥有大量存放在仓库里的有形资产，而且拥有与物品使用部门广泛的业务联系，因此具有开展现货交易中介业务较为便利的条件。这样不但便于物品使用部门的使用，而且有利于吸引仓储和加速仓储物品的周转。智慧仓配经营人利用仓储物品进行交易，不仅会给企业带来收益，而且能充分利用社会资源，加快资金周转，减少资金积压。

2. 流通加工功能

流通加工将部分产品的加工工序从生产环节转移到了流通环节。加工原本属于生产环节，但是随着满足消费者多样化、个性化需求的产品生产的发展，又为了严格控制物流成本，生产企业可以将产品的定型、分装、组装、包装等工序留到接近销售的某些环节进行。智慧仓配业务仓储环节中物品处于停滞状态的特性，使物品很适合在这一地点流通加工，这样既不影响产品的流通速度，又能满足客户需要。

3. 配送功能

一些从事原材料、零部件或产成品生产的区域被设置在距离生产和消费地区比较近的地方，这样就可以把对生产车间和销售点的配送作为仓配的一项基本业务。智慧仓配业务的发展，有利于生产企业减少存货和固定资金投入，实现准时制生产；零售企业也可以减少存货，降低流动资金的使用量，从而保证销售。

4. 运输整合和配载功能

运输费用随着运量的增大而减少，因此，尽可能大批量地运输是节省运费的有效手段。将连续不断产出的产品集中后进行大批量运输，或者将众多供应商所提供的产品整合成一票运输，都需要通过仓储来进行。在智慧仓配运输整合中，还可以对产品进行成组、托盘化等作业，使运输作业效率提高。

大多数运输转换仓储都具有配载的任务。货物在仓库集中后，按照运输的方向进行分类仓储，当运输工具到达时再出库装运。而在智慧仓配的配送中心不断地对运输车辆进行配载，确保配送的及时进行和运输工具的充分利用。

5. 仓单质押功能

仓单质押是指客户把商品存储在智能仓配的仓库中，然后凭借仓库开具的商品仓储凭证——仓单向银行申请贷款，银行根据存储商品的价值向客户提供一定比例的贷款，同时，由仓库对商品进行监管。它是提取寄存货物的证明文件，表明了仓库与客户之间的委托关系。

四、智慧仓配的特点

（一）仓配管理信息化

在智慧仓配作业中，会产生大量的货物信息、设备信息和人员信息等，如何实现对信息的智能感知、处理和决策，利用信息对仓储作业的执行和流程进行优化，实现仓配管理信息化，是智慧仓配的重点之一。智慧仓配是在仓储管理业务流程再造的基础上，利用射频识别、网络通信、信息管理系统，以及大数据、人工智能等技术来实现入库、出库、盘库、移库管理的信息自动抓取、自动识别、自动预警及智能管理功能，并降低仓储成本、提高仓储效率、提升仓储管理能力。

（二）仓配运行自动化

仓配运行自动化主要是指仓配运行的硬件部分自动化，如自动化立体仓库系统、自动分拣设备、分拣机器人、自动化配送系统，以及可穿戴设备的应用。其中，自动化立体仓库里面包括立体存储系统、穿梭车等的应用；分拣机器人主要包括机器人、机械手的应用。智慧仓配设备和智能机器人的使用能够提高作业效率，提高仓配运行的自动化水平。智能控制是指在人为干预的情况下，能够自主驱动智能机器实现控制目标的自动控制技术。对自动分拣设备和分拣机器人进行智能控制，使其具有像人一样的感知、决策和执行的能力，设备之间能够进行沟通和协调，设备与人之间也能够更好地实现交互，可以大大减轻人力劳动的强度，提高操作的效率。自动化与智能控制的研究应用是最终实现智慧仓配系统运作的核心。

（三）仓配决策智慧化

仓配决策智慧化主要依靠互联网技术，如大数据、云计算、人工智能、深度学习、物联网等在仓储活动中广泛地应用。利用这些工具和互联网技术进行商品的销售和预测、智能库存的调拨，以及对个人消费习惯的发掘，能够实现根据个人消费习惯进行精准推荐。目前技术比较成熟的企业，如京东、顺丰等，已运用大数据进行预分拣。在仓配管理过程中，各类仓储单据、报表快速生成，问题货物实时预警，特定条件下货物信息自动提示，通过信息联网与智能管理，形成统一的信息数据库，为供应链整体运作提供了可靠依据，是仓配决策智能化的实现目标。

第二节
智慧仓配体系的构成

一、智慧仓配信息系统

智慧仓配信息系统主要包括仓库管理系统（Warehouse Management System，WMS）和仓库控制系统（Warehouse Control System，WCS）。

（一）WMS

WMS是指对批次管理、物料供应、库存盘点、质检管理、虚仓管理和即时库存等仓储业务进行综合管理的管理系统，它可以有效控制并跟踪仓库业务的物流和成本管理全过程，实现或完善企业的仓储信息管理。该系统既可以独立执行库存操作，也可以与其他系统的单据和凭证等结合使用，还可以为企业提供更为完整的企业物流管理流程和财务管理信息。

WMS一般具有以下几个功能模块：订单处理及库存控制、基本信息管理、货物管理、信息报表管理、收货管理、拣选管理、盘点管理、移库管理、打印管理和后台服务管理。

WMS可通过后台服务程序实现同一客户不同订单的合并和订单分配，并对基于电子标签拣货系统（Picking To Light，PTL）、射频（Radio Frequency，RF）、纸箱标签方式的上架、拣选、补货、盘点、移库等操作进行统一调度和下达指令，并实时接收来自PTL、RF和PC端（个人计算机）的反馈数据。整个系统与企业仓库物流管理各环节吻合，实现了对库存商品管理实时有效的控制。

WMS的基本系统模块包括以下内容：

1. 基本信息管理

对品名、规格、生产厂家、产品批号、生产日期、有效期等货物基本信息进行设置，通过货位管理功能对所有货位进行编码并将其存储在系统的数据库中，使系统能有效追踪货物所处的位置，便于操作人员根据货位号迅速定位到目标货位在仓库中的物理位置。

2. 上架管理

自动计算合适的上架货位，提供已存放同品种货物的货位、剩余空间信息，并根据避免储存空间浪费的原则给出建议的上架货位并按优先度排序，操作人员可以直接确认或进行调整。

3. 拣选管理

可根据货位布局确定拣选指导顺序，通过系统自动在RF终端等相关设备的界面中根据任务涉及的货位给出指导性路径，避免拣选过程中的无效穿梭和货物找寻，提高单位时间内的拣选量。

4. 库存管理

支持自动补货，即通过自动补货算法，既能确保拣选区的存货量，又能提高仓储空间利用率，降低货位蜂窝化现象出现的概率；能够对货位进行逻辑细分和动态设置，在不影响自动补货算法的同时，能够有效提高空间利用率并控制精度。

（二）WCS

WCS是仓库控制系统的简称，是介于WMS系统和可编程逻辑控制器（Programmable Logic Controller，PLC）系统之间的一层管理控制系统，可以协调各种物流设备，如输送机、堆垛机、穿梭车以及机器人、自动导引车（Automated Guided Vehicle，AGV）等物流设备之间的运行，它主要通过任务引擎和消息引擎，优化分解任务、分析执行路径，为上层系统的调度指令提供执行保障和优化，实现对各种设备系统接口的集成、统一调度和监控。

二、智慧仓配技术

智慧仓配通过使用物联网、人工智能、大数据等技术，以用户需求为中心重构仓配流程，重视仓配过程中核心数据的积累和运用，降低仓配环节中人的参与度，使用新技术促进仓储中各个环节以及智慧仓配和供应链其他环节中产品流和信息流的流畅运转，从而降低仓储成本、提高效率。智慧仓配技术主要包括以下五个方面：

（一）配载技术

配载技术是指在实现一个或多个运营目标的前提下，集中整合和优化时间、成本、资源、效率和环境约束，实现现代物流管理低成本、高效率的关键技术，有利于物流运营计划与实际运营的有效结合。

（二）装卸技术

装卸技术是指在同一地区进行的，主要内容和目的是改变货物存放状态和空间位置的技术。具体来说，包括装卸、拆卸、运输、选择、分类、堆垛、入库、出库等活动中需要使用的技术。

装卸技术将直接影响物流管理的成本、效率和质量管理水平。装卸技术的优化追求更省力的目标，但具体实施既需要因地制宜，也需要综合规划设计。

（三）包装技术

包装是指在流通过程中保护产品、方便储存和运输、促进销售，按照一定的技术方法使用的容器、材料和辅助物等的总称。包装技术包括包装生产技术，以及包装材料、包装设计、包装测试等方面的技术。

（四）条形码技术

条形码是指由一组规则的"条"和"空"及对应字符组成的符号，用于表示一定的信息。条形码（也称条码）技术是在计算机的应用实践中产生和发展起来的一种自动识别技术。它是为实现对信息的自动扫描而设计的，是实现快速、准确而可靠地采集数据的有效手段。条形码技术的应用解决了数据录入和数据采集的问题，为智慧仓配管理提供了有力的技术支持。条形码技术的核心内容是通过利用光电扫描设备识读这些条形码符号来实现机器的自动识别，并快速、准确地把数据录入计算机进行数据处理，从而达到自动管理的目的。

（五）自动化技术

自动化技术的应用既是提高物流效率的重要途径，也是物流技术发展的重要趋势。经验表明，自动化技术不仅与各种物流机械设备的应用有关，还与大量信息技术的应用有关。目前，我国物流作业的自动化水平较低，在搬运、订购、包装、分拣、订单和数据处理等多个物流作业环节中，手工作业仍占据着主导地位。

随着智慧物流和电子商务的快速发展，对物流服务质量的要求也在不断提高。智慧物流企业必须采用更先进、更适用的设备和手段，进一步提高物流运营的效率和安全性。

三、智慧仓配管理

（一）智能分仓

智能分仓是指通过大数据分析，掌握消费者的需求特点及需求分布，提前将商品预置到离消费者最近的仓库中的过程。通过智能预测、智能选仓、智能分仓，可以减少库存及配送压力，提高商家无缝衔接的智能补货能力，实现智能分拣和调拨的有序进行。

智能分仓的实现过程如下：

（1）基于商品的大小、质量、距离消费者路径的长短来调动智能路由，获取履行路由的相关路径和线路，获取线路后可能产生较多的候选集。

（2）对履行成本进行决策，即基于对时效、成本的综合决策来选择最终的调度方案。

（3）通过平台调度物流资源服务商。

（4）把所有数据记录下来，并将其输入供应链管理平台，实现对商家需求能力计划以及供给计划的优化，让商家能够更好地进行销量预测，对仓储选择、品类规划进行调整，把商品运送到离消费者最近的货仓。

（二）智能货位布局

在智慧仓配中，要想利用有限的库容和产能实现高效率出库，就需要精心安排商品库存分布和产能调配，因此仓储货位分布将变得尤为重要。智能货位布局主要依据以下几个因素进行：

1. 热销度

应用大数据分析技术，预测商品近期的热销度。将热销商品（出库频次高的商品）存储在距离出库工作台近的位置，以此降低出库搬运的总成本，同时提升出库效率。

2. 相关度

针对海量历史订单进行数据分析，可以发现不同商品同步下单的概率存在一定的耦合性。根据对这些订单相关度的分析发现商品之间的存储规律，将相关度高的商品存储于相同的货架，优化拣货路径，减少搬运次数，从而节省仓储设备资源，提高机器人工作效率。例如，京东通过应用机器学习算法和遗传算法等优化算法，计算得出最优商品组合，即将哪些商品存储在一起，能使仓内货架整体内聚度（货架上商品之间相关度）最高。

3. 分散存储

应用运筹优化等技术，追求全仓库存的分散程度最大化，将相同或相似的商品，在库区进行一定程度的分散存储，从而避免由于某区域暂时拥堵而影响包含该商品订单出库的现象，这样可以随时动态调度生产，实时均衡各区生产热度。

在分散存储的规则约束下，一旦发生因素变化（如热销度变化、相关度变化）或货架上商品库存变化等情况，系统会自动调整库存分布图，并对出库、入库、在库作业产生相应的决策指导。AGV小车将自动执行相应的搬运指令，将对应的商品（库存）送至正确位置，完成库存分布的动态调整。

（三）仓库动态分区

当订单下传到库房后，如果没有合理的订单分区调度，就可能会带来不同区域订单热度不均的问题，这个问题会导致以下两个现象：一是各区产能不均衡，从而导致部分区域产能暂时跟不上；二是部分区域过于拥挤，从而导致部分区域出库效率混乱且效率较低。为解决这两个问题，需要实时动态分析仓库订单分布，应用分区技术，动态划分逻辑区，从而达到各区产能均衡的目的，使得设备资源利用率达到最大化并避免拥堵，进而提升仓库整体出库效率。

（四）作业资源匹配与路径规划

当WMS从企业资源规划（Enterprise Resource Planning，ERP）系统接到客户订单时，运用生产调度运筹优化模型，建立仓内货架、拣选设备、出货口等的供需匹配关系，合理安排作业任务，使得全仓整体出库效率达到最大化。

当作业设备接收搬运指令时，要将商品快速准确送达目的地，需要规划合理路径，应用大数据等技术，协调规划全仓作业设备的整体搬运路线，使得全仓作业设备有条不紊地进行，最大程度地减少拥堵。

第三节
智慧仓配的发展与应用

一、我国智慧仓配的发展现状

随着我国现代物流行业逐渐成熟，再加上人工智能和物联网等新技术的应用，智慧仓配的发展已成趋势。通常来说，仓配行业产业链主要由采购和运输等部分构成。当前，我国智慧仓配在数字经济时代快速发展，与大数据、云计算等新一代信息技术深度融合，整个行业向着运行高效、流通快速的方向迈进。

近几年发展起来的信息化、智能化、机械化的仓配系统，不仅由许多硬件系统组成，而且还由许多软件系统构建而成，是一种高度信息化、智能化、高投入的物流系统的重要分系统，对经济发展有着重要影响。

作为智能制造的后端环节，在产品多样化、个性化的趋势下，智慧仓配物流承担着提升效率、客户体验、企业核心竞争力的重任，随着大数据、物联网、人工智能、传感器等技术的不断进步，智慧仓配作为以上技术的载体，有望迎来高速发展。未来深度应用新兴技术，减少人工及土地的使用，降低物流费用是我国智慧仓配行业发展的必经之路。

智慧仓库的建设，可以帮助传统制造企业更加精准、高效地处理仓库日常业务，以及零件、半成品和成品的流通，使企业有效提升作业效率，降低物流成本，合理控制库存，在激烈的竞争中保持领先地位。此外，随着物流成本降低，产品流通的地域将更加广泛，覆盖更多的受众群体，并根据不同区域的特殊情况形成细分市场，进而影响到企业的生产、运营和营销。智慧仓库管理系统是智慧仓库建设的核心，也是企业智能化、数字化的核心。国内已有不少行业启动了智慧仓库管理系统，如汽配、五金、电子、机械、食品、医药等行业。

智慧仓配与中国经济
智慧物流助力乡村振兴

自2013年交通运输部对口支援江西省赣州市安远县以来，安远县以"互联网＋物流"变革产业链，用科技赋能乡村振兴，化解农产品上行和消费品下行的"最初和最后一公里"问题，有效满足"小批量、多批次、低成本、高时效"的农村物流需求，畅通经济循环，在促进乡村经济发展的同时，不断巩固拓展脱贫攻坚成果。"从网上下单到收货只用了1个小时，这速度比自己去超市还要快！"日前，安远县鹤子镇某村民在村里的智运快线基站拿到了自己在本地数字平台购买的奶粉，便捷的网购物流体验让他赞叹不已。

走进安远县鹤子镇，沿着索道穿梭的小"缆车"在空中快速行驶。"这就是我们县智运快线上的'穿梭机器人'，别看它们个头不大，却能装载着100千克内的货物穿梭自如，又快又方便。"村民把自家生产的蜂蜜放进穿梭机器人中，盖好盖子，随后机器人缓缓上升，沿着钢索驶向下一站。

智运快线是安远城乡绿色智慧物流发展新模式的重要环节之一，它可以实现县乡村三级城乡物流网络节点间的全天候实时运输。安远县鹤子镇智运快线基站管理员表示，目前安远县智运快线已建成1个镇级分仓、4个村级基站，低空索道线路总长10千米，服务全镇1.7万余人。这种新型智能化、轻量化、无人化的运输方式，不仅可以把外地优质产品带到村里，还能把村里的农副产品迅速、高效地销往全国。在该模式下，100千克货物运输100千米，直接成本仅需3~5元，较传统物流方式下降了50%。

此外，安远县里搭建的数字平台还可以实现"产供销"信息互联互通，让农民通过直播销售自家小而散的优质农产品的同时，还可以买到货真价实的农资和消费品，实现"销售本地化、消费数字化"。如今，该数字平台、智慧物流让农民成了"新农人"，手机成了"新农具"，直播带货成了"新农活"。

智慧物流引导农业生产向标准化、规模化、品牌化发展，让农产品能够更便捷、更快速地进入更广泛的市场，提高了农产品附加值，增加了农民收入；物流信息技术、自动化设备等在农村落地和发展，提升了农村整体技术水平。在智慧物流的辅助下，农产品、人力、资金等资源得到了更合理的调配，提高了资源产出效益；此外，农村与城市之间的经济联系进一步加强，推动了城乡资源双向流动。未来，智慧物流将继续推动乡村振兴经济发展、乡村经济新质生产力发展。

二、智慧仓配的应用

（一）无人仓

无人仓体现了现代信息技术应用在智慧仓配领域的创新，实现了货物从入库、存储到包装、分拣等流程的智能化和无人化。目前，海内外多家跨境电商企业纷纷建立无人仓，以解决货物或包裹分拣等问题。随着新零售时代的到来，传统物流体系正在加速变革。中国的无人仓技术起步较早、发展较快。在未来的发展中，如何加快技术升级，降低运营成本，为消费者提供精准服务，是无人仓应用的制胜关键。

例如，阿里巴巴菜鸟无人仓是菜鸟多年来在柔性自动化领域不断探索和思考的结果，其未来将通过包括人工智能在内的创新技术打造全面智慧化、自动化的物流体系，更加高效地满足用户需求。

菜鸟启动建设的中国智能物流骨干网项目，计划把中国物流成本占GDP的比重降到5%甚至更低。因此，菜鸟研发了柔性自动化仓储系统，利用人工智能技术，让大量机器人在仓内协同作业，组合成易部署、易扩展、高效率的全链路仓储自动化解决方案。

又如京东集团的"亚洲一号"无人仓，是全球首座全流程无人仓库。在那里，无论是"脑力活"还是"体力活"，都由机器人主导。在货物入库、分拣、打包区域，机器人会根据商品大小裁剪、切割泡沫包装袋或纸板包装箱，几秒钟后，货物即打包完成。贴上信息标签后，包裹被送往下一站。

目前，区块链技术在全球物流供应链上游——处理订单和分发订单方面提升了效率，无人仓位于物流供应链中游，在新零售的推动下，海内外多数跨境电商企业已经在物流供应链下游添加前置仓功能。随着无人驾驶技术日渐成熟，物流业将进入由互联网、人工智能、大数据、云计算所组成的高科技自动化的全新领域，这将给物流管理模式带来根本性变革。

（二）智慧云仓

智慧云仓是指依托物联网、人工智能、大数据、云计算等技术，打造入仓、仓储、分拣、配送等智能化仓库的全作业环节，实现企业内部仓配物流移动化、透明化、精益化、智能化的"四化"管理，从而提高效率、降低成本、增加效益、提高行业竞争力。

智慧云仓有别于传统仓配，它把其所在园区内所有企业的货物集中在一起进货，并实现仓储、包装、物流、通关全流程作业，让企业在通关过程中少走弯路，集体与第三方快递公司谈价，以降低快递成本。在智慧云仓里，只有AGV小车和分拣机器人，它们根据WMS系统的调度，轻松到指定货位拣取货物。

在智慧云仓里，货物的拣选不再是人推着货架、拿着订单去拣货，而是等着机器人载着货架排队跑过来，通过AGV小车和分拣机器人搬运箱子来实现"货到人"的拣选，打破了传统的"人到货"拣选模式。第三方智慧仓配企业拥有强大的"云仓系统"，包含了仓储一体、订单管理、分拣打包传输、货物包装流水、物流运输、售前售后等服务。因此，越来越多品牌商、电商企业选择云仓一件代发模式去运营自己的店铺，让紧张的资金链能够得到缓解，从而将资源合理优化，投入到核心业务中。

但是，智慧云仓在收取费用这一方面相对比较复杂，涉及不同的收费模式。例如，仓储费、库内操作费、快递物流费等，智慧云仓基于企业的个性化需求，可提供质检、贴标、二次加工等服务，因此也会包含一些增值服务费。

同步测试

一、单选题

1. 西汉时期建立的（   ）是我国历史上最早的由国家经营的仓储，它是政府为调节粮价，储粮备荒以供应官需民食而设置的粮仓。
   A. 常平仓　　　B. 禄米仓　　　C. 仓廒　　　D. 仓廪

2. 现代仓储在传统仓储的基础上增加了库内加工、分拣、库内包装等环节。仓储是（   ）与商品流通的重要环节之一，也是物流活动的重要环节。
   A. 生产制造　　B. 销售　　　C. 仓储　　　D. 加工

3. 智慧物流是指以物联网技术为基础，综合运用（   ）、云计算、区块链及相关信息技术，通过全面感知、识别、跟踪物流作业状态，实现实时应对、智能优化决策的物流服务系统。
   A. 信息技术　　　　　　　B. 大数据
   C. 物联网技术　　　　　　D. 互联网技术

4. 运输的费用率随着运量的增大而减少，因此，尽可能大批量地（   ）是节省运费的有效手段。
   A. 运输　　　　B. 配送　　　C. 装载　　　D. 生产

5. 区块链技术在全球物流供应链上游——处理订单和分发订单方面提升了效率，（   ）位于物流供应链中游，在新零售的推动下，海内外多数跨境电商企业已经在物流供应链下游添加前置仓功能。
   A. 供应商　　　　　　　　B. 采购商
   C. 全自动立体仓库　　　　D. 无人仓

二、多选题

1. 仓储是指利用仓库及相关设施设备进行物品的（   ）的活动。
   A. 入库　　　B. 储存　　　C. 加工　　　D. 出库

2. 条形码技术的应用解决了（   ）的问题，为智慧仓配管理提供了有力的技术支持。
   A. 数据录入　　B. 数据采集　　C. 数据分析　　D. 数据整理

3. WMS是指对（   ）、虚仓管理和即时库存等仓储业务进行综合管理的管理系统，可以有效控制并跟踪仓库业务的物流和成本管理全过程，实现或完善企业的仓储信息管理。
   A. 批次管理　　B. 物料供应　　C. 库存盘点　　D. 质检管理

4. 包装技术包括（　　　　　）等。

   A. 包装生产技术　　　　　　　　B. 包装材料

   C. 包装设计　　　　　　　　　　D. 包装测试

5. 智能货位布局主要依据（　　　　　）进行货位布局。

   A. 热销度　　　　B. 相关度　　　　C. 分散存储　　　　D. 熟练度

三、判断题

1. 西安半坡村的仰韶文化半坡遗址可看到仓库的雏形——"仓"。（　　　）

2. 大多数运输转换仓储都具有配载的任务。（　　　）

3. 自动化技术不仅与各种物流机械设备的应用有关，还与大量信息技术的应
用有关。（　　　）

4. 配载技术是指在实现一个或多个运营目标的前提下，集中整合和优化时间、
成本、资源、效率和环境约束，实现现代物流管理低成本、高效率的关键
技术，有利于物流运营计划与实际运营的有效结合。（　　　）

5. 应用大数据分析技术，预测商品近期的热销程度。将热销商品（出库频次
高的商品）存储于距离出库工作台较近的位置，可以降低出库搬运的总成
本，同时提升出库效率。（　　　）

综合实训

利用数据库搜索文献

一、实训目的

培养学生利用知网等平台收集智慧仓配相关文献的能力。

二、实训步骤

1. 进入中国知网主页并登录。购买了使用权的单位可免费检索和下载资源。

2. 确定检索方式，可供选择的检索方式有基本检索、高级检索、专业检索、
作者发文检索和句子检索。在这里选择高级检索的检索方式。

3. 进入高级检索后，数据库可供选择的检索字段有主题、篇名、关键词、摘
要、全文、参考文献等。同时可选择时间范围、期刊范围、模糊或精确检

索等。需要注意的是，这里的"主题"检索字段范围包括篇名、关键词和摘要3个字段。

三、实训要求

1. 每位学生搜索3篇与智慧仓配相关的文献。
2. 对搜索的文献进行课堂讨论与总结，并在课堂上汇报成果。

四、实训成绩

每位学生的实训成绩由两部分组成：课堂讨论成绩（50%）和总结成绩（50%）。

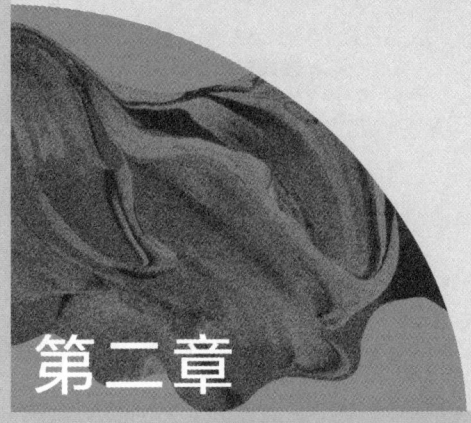

第二章

智慧仓配运营
设施设备

学习目标

//素养目标//

- 培养智慧仓配管理工作人员的安全意识
- 培养智慧仓配管理工作人员一丝不苟、吃苦耐劳的精神

//知识目标//

- 熟悉仓库的分类
- 熟悉出入库作业、起重作业、输送作业中的设备
- 掌握智慧仓配一体化设施设备的操作

//技能目标//

- 能够将不同的货物放于与其相适应类型的仓库
- 能够操作传统仓储设备和智慧仓储设备
- 能够操作传统配送设备和智慧配送设备

思维导图

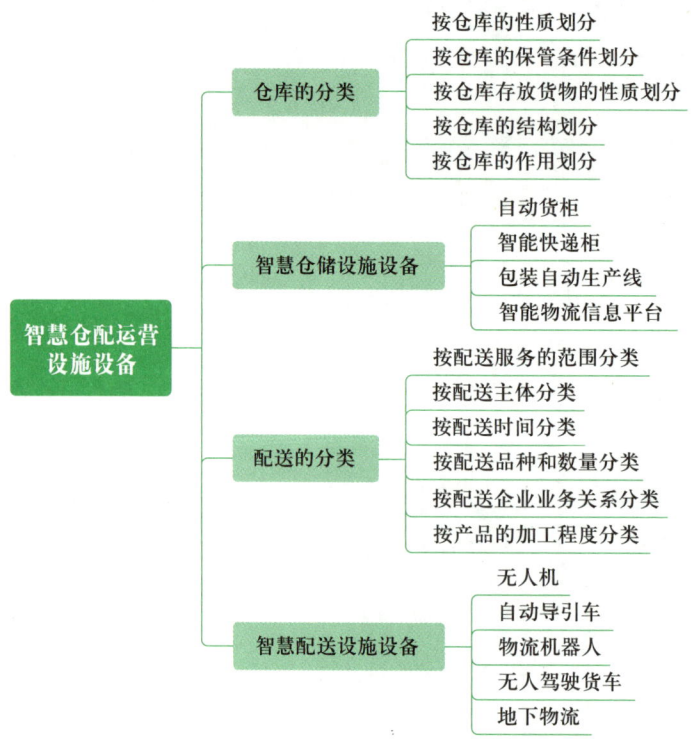

智慧配送助力低空经济"展翅高飞"

"接单、取货、装载货箱、无人机配送……每一步请大家务必核对清楚，严格执行。"2023年11月15日10：00，在深圳龙华区人民路2022号的一处空地上，某外卖平台人民路商圈的运营经理像往常一样，向团队成员重申工作流程。由此，一张智能化外卖配送服务网开始运转起来。

"叮咚，您有一份新的外卖订单，请及时处理。"不一会儿，附近购物中心一家咖啡店内传来外卖订单提醒。在店家备餐的同时，与其仅有一路之隔的平台工作人员也同步收到该信息，第一时间安排专人取餐，并通过无人机将其配送至2.8千米外的汇隆中心北塔无人机空投柜。整个过程用时约7分钟，比骑手配送快了将近一倍。

外卖平台的这种智慧、高效、便捷、多场景、多天候的城市低空物流配送体系，既依托于其自主飞行无人机、智能化调度系统，以及高效率运营体系的研发与建设，也得益于龙华区乃至整个深圳市低空经济整体产业的辐射带动，其无人机配送模式成为智慧配送应用试验区成果可视化的一个常态性窗口。

早在2017年，就有外卖平台推出了无人机配送服务，并于2021年初在深圳完成了首个面向真实用户的订单配送任务。截至2023年8月底，该平台已在深圳、上海等城市总计落地7个商圈、17条航线，可为14个社区写字楼、4个5A级景区提供无人机配送服务，累计完成用户订单超18.4万单，较传统配送模式提效近150%，为用户节约了近3万小时的等待时间。

坚持"工业立区"的龙华区乘势而上，抢滩低空经济"新蓝海"，支持开展多场景低空飞行业务，加快推进无人机配送航线落地，不仅打造了无人机智慧配送应用试验区，还率先建成全球首个物流无人机智能制造工厂，印发全国首个区级低空经济产业创新发展实施方案，并发布了《深圳市龙华区促进低空经济产业高质量发展若干措施》，计划在3年内投资约2亿元布局"天空之城"，着力打造粤港澳大湾区低空经济产业创新发展高地和低空经济先导区。随着政策保障、资金支持、人才培养和智库建设等一揽子计划稳步落地，目前，龙华区已构建形成低空经济产业生态体系，产业规模持续扩大，应用场景从商业物流进一步拓展到文旅消费和公共服务，更趋于多元与丰富。据统计，龙华区低空经济产业相关企业达366家，占全市企业的14.2%。

【引例分析】

作为改革开放的窗口城市，深圳一向敢闯敢干、先行先试，对低空经济的探索亦是如此。目前，深圳已经具备成熟的无人机产业生态圈，聚集了大疆、丰翼科技、道通智能、科卫泰等一批科技企业，形成了较为完整的集生产制造、技术研发、软件开发、商业应用等于一体的全链路产业链，其应用涉及航拍、交通、巡逻、勘探测绘、植保、物流配送等多个场景，有着"无人机之都"的美誉。面对低空经济这一新的风口，深圳市高度重视、率先垂范，提出要建设低空经济中心，打造通用航空产业综合示范区、民用无人驾驶航空试验区等多个具体目标。

第一节
仓库的分类

从现代物流系统的角度来看，仓库是用于储存、保管物品的建筑物和场所的总称。不同国家、不同地区、不同企业的物流系统中有不同种类的仓库，它们的结构形态各异，其服务范围和对象也有较大差异。

一、按仓库的性质划分

按仓库的性质不同，可将其分为营业用仓库、自营仓库和公共仓库三种类型。

（一）营业用仓库

营业用仓库即经营性仓库，是指仓库经营者根据相关法律取得营业资格，可以对外营业的仓库，用于承接仓储服务外包的业务。

（二）自营仓库

自营仓库是指由企业或各类组织自主经营和自行管理，为自身的物品提供储存和保管的仓库。仓库的建设、保管物品的管理，以及出入库等业务均由企业自己负责，所保管物品的种类、数量相对确定。

（三）公共仓库

公共仓库是指面向社会提供物品储存服务，并收取费用的仓库。

二、按仓库的保管条件划分

按仓库的保管条件不同，可将其分为普通仓库、恒温仓库、冷藏仓库、危险品仓库和气调仓库。

（一）普通仓库

普通仓库是指在常温条件下存放普通货物的仓库，如图2-1所示。这类仓库最为常见。

（二）恒温仓库

恒温仓库是指在恒温条件下存放对储存温度有特殊要求的货物的仓库，如存放精密仪器、药品等货物，如图2-2所示。

图2-1 普通仓库　　　　　　　　　图2-2 恒温仓库

（三）冷藏仓库

冷藏仓库是指通过机械制冷的方式，存放对温度和湿度有特殊要求的货物的仓库。

（四）危险品仓库

危险品仓库是指存放易燃、易爆、有毒、有害、有辐射和腐蚀性等危险品的仓库。

（五）气调仓库

气调仓库是指用于存放要求控制库内氧气和二氧化碳浓度的货物的仓库。

三、按仓库存放货物的性质划分

按仓库存放货物的性质不同，可将其分为综合性仓库和专业性仓库。

（一）综合性仓库

综合性仓库是指同时存放两种大类以上不同自然属性货物的仓库。

（二）专业性仓库

专业性仓库是指在一定时期内只存放某一类自然属性货物的仓库。

四、按仓库的结构划分

按仓库的结构不同，可以将其分为单层仓库、多层仓库、立体仓库、罐式仓库、露天堆场和无人仓库六种类型。

（一）单层仓库

单层仓库是指只有一层建筑的仓库。单层仓库是日常使用最广泛、最常见的一种仓库，适用于储存金属材料、建筑材料、矿石、机械产品、车辆、油类、化工原料、木材及其制品等。其主要优点包括：单层仓库设计简单，所需投资较少；仓库内搬运、装卸货物比较方便；各种附属设备（如通风设备、供水、供电等）的安装、使用和维护都比较方便；仓库地面的承压能力比较强。

（二）多层仓库

多层仓库是指两层以上的仓库。多层仓库一般使用垂直输送设备来搬运货物，经常用来储存日常用的高附加值的小型商品，如百货、电子器材、食品、橡胶产品、药品、医疗器械、化学制品、文化用品、仪器仪表等。其主要优点包括：占地面积较小；仓库布局方面更加灵活；有利于库房的安全和防火。

（三）立体仓库

立体仓库是指由高层货架、巷道堆垛起重机、出库输送机系统、自动化控制系统、计算机仓库管理系统及其周边设备组成，可对集装单元货物实现机械化自动存取和控制作业的仓库。立体仓库可以在计算机系统控制下完成单元货物的自动存取作业。

（四）罐式仓库

罐式仓库是指以罐体为储存载体的大型容器型仓库，如球罐库、柱罐库等。

（五）露天堆场

露天堆场是指用于露天堆放货物的场所。一般堆放大宗货物，如矿石、煤炭，或者不怕日晒雨淋的货物。

（六）无人仓库

在"工业4.0"的大背景下，智能无人仓库在很多行业都得到了广泛应用。物流仓储行业也逐渐进入无人化和智能化阶段，其目的是适应日新月异的国际工业发展，降低人工成本，提升仓储效率和货物分发精准度，如图2-3所示。

图2-3　无人仓库

五、按仓库的作用划分

按仓库的作用不同，可将其分为批发仓库、采购供应仓库、加工仓库、中转仓库、零售仓库和保税仓库六种类型。

（一）批发仓库

批发仓库是指用于储存从采购供应场所调进或在当地收购的商品的仓库，一般距离商品销售市场较近。国家及有关部门可通过批发仓库储存的商品，调节市场商品的供给与需求。

（二）采购供应仓库

采购供应仓库是指商业系统集中储存从生产部门收购或从国外进口的商品的仓库，是农副产品收购站附设的商品仓库。

（三）加工仓库

加工仓库是指承担储存与加工双重职能的仓库。对于某些必须进行加工整理后才可以发运的商品，可以设立加工仓库，就库存商品先进行挑选、整理、加工、包装、储存，然后出运。如农副产品、畜产品、中药材等商品的加工仓库。

（四）中转仓库

中转仓库是物资流通的中转站，一般仅储存临时停放的物资，方便物资等待装运并在此中转。

（五）零售仓库

零售仓库是指商业零售企业直接使用和管理的仓库。在商业领域中，存在大量零售企业，这些零售企业为保证市场商品供应，满足消费者需求，可根据储备原则，建立必要的商品储存仓库。商业零售企业可利用零售仓库对商品做短期储货，提供店面销售。

（六）保税仓库

保税仓库是指经海关批准设立的专门存放保税货物及其他未办结海关手续货物的仓库。

第二节
智慧仓储设施设备

在仓储中应用的智慧仓储设施设备包括自动货柜、智能快递柜、包装自动生产线，以及智能物流信息平台等。

一、自动货柜

自动货柜是集声、光、机、电及微机管理于一体的高度自动化的仓储系统。它充分利用垂直空间，最大程度地优化了存储管理。它还可以与外部自动取送设备连接，以形成一个高效、便捷的小型立体仓库。

自动货柜的外形就像一个大柜子，主要由货柜框架、升降装置、输送小车、信息控制系统四部分组成。整体布局为前后布置，充分利用现有存储面积。货柜按空间划分，大致可分为前、中、后三个部分，前部用于布置工作台及货架，中部为输送小车上下运动的空间，后部为货架。自动货柜有多种产品系列，每一系列的产品在长、宽方向的尺寸基本固定，而在高度方向上则可延伸为多种规格，用户可根据自己的情况选择系列规格。自动货柜的基本存储单元为货盘，自动货柜上设有许多用来放置货盘的托条，每一组托条形成一个货位，通过输送小车，货盘可自由进出货位，以实现货物的存取。

与大型货架及普通商用物流设备有所不同，自动货柜可以通过计算机、条码打印机、条码识别器等智能工具进行管理，适合用于多品种、大批量小型货物的存储及管理。

二、智能快递柜

物流末端的新技术主要应用于智能快递柜。智能快递柜是指基于物联网技术，能够对物品（快递）进行识别、暂存、监控、管理的设备。它可以与PC端服务器一起构成智能快递投递箱系统，目前已实现商用（主要覆盖一二线城市），发展速度较快。

近年来，随着电子商务的高速发展，快递业务量呈高速增长的趋势，但快递末端"最后一公里"存在的"人难找、门难进、送件慢、收件难"等投递问题成为制约快递业发展的瓶颈。而智能快递柜可以将快递暂存在投递箱内，并将投递信息以短信等方式发送给用户，为用户提供24小时自助取件服务。这种服务模式较好地满足了用户随时取件的需求，受到快递企业和用户的欢迎，解决了快递"最后一公里"中用户、快递员、社区的众多痛点问题。

三、包装自动生产线

包装自动生产线是指由数台自动包装机连接而成的连续包装系统，也可以包括不属于包装机械的其他机器和设备。因此，包装自动生产线除了具有生产线的一般特征外，还具有更严格的生产节奏和协调性。可以说运输储存装置和自动控制系统是区别流水线和自动生产线的重要标志。

包装机械以连线方式使用的居多，特别是具有一定规模的产品加工厂，包装机械单独使用的情况很少。多数情况下包装需要靠多个工序才能实现，这里的包装不仅指个体包装，还包括终端上以一个销售单位为包装单位进行的集合包装。企业可以利用输送装置将各工序的包装设备连接起来，配套形成自动供给装置，从而构成一条包装生产线，实现货物包装的全过程（个体包装—内包装—外包装）。在生产线的基础上，再配以必要的自动检测、控制、调整补偿装置及自动供送料装置，使货物在无须人工直接参与操作的情况下自动完成供送、生产的全过程，并取得各机组间的平衡协调。

四、智能物流信息平台

智能物流信息平台一般由以下四部分组成：

（一）自动化仓库

近年来，采用可编程序控制器（Programmable Logic Controller，PLC）和计算机控制搬运设备的仓库，以及采用计算机管理与PLC联网控制的自动化仓库，占全部立体仓库中的比重不断增加。在生产企业，自动化仓库作为计算机集成制造系统（Computer Integrated Manufacturing Systems，CIMS）的一部分，与企业计算机系统联网的应用也日渐增多，已成为今后的发展趋势。

（二）自动分拣系统

自动分拣系统一般都建立在有自动化仓库的配送中心，系统规模较大，设备较多，自动化程度较高。自动分拣系统控制的点较多且相互关联，系统控制复杂，一次性投资大，同时对货物的外包装也有较高要求。

（三）条码数据采集器

RFID仓储
管理系统

把条码识读器和具有数据存储、处理、通信传输功能的手持数据终端设备结合在一起，就组成了条码数据采集器，简称数据采集器，当人们强调数据处理功能时，往往将其简称为数据终端。它具备实时采集、自动存储、即时显示、即时反馈、自动处理、自动传输等功能。条码数据采集器实际上是移动式数据处理终端和某一类型的条码扫描器的集合体。

（四）语音识别技术

语音识别技术是指机器独立完成对人声信息的采集与识别，并将人类的声音信号转化为文字或者指令的过程。目前，语音识别技术已被广泛应用，如语音拨号、导航、语音搜索、智能家居控制等。该技术所涉及的学科领域也很广泛，涵盖信号处理、模式识别、计算机技术、发声及听觉原理、人工智能等领域。

目前，条码拣选技术在物流作业系统中应用广泛，但随着订单量的增大，在有限的库存前提下，及时发货有一些困难；而且拣货人员的劳动强度较高，效率较低，容易出现较高的逆向订单处理成本。相比这种拣选模式，语音识别技术更加适用于劳动密集型、高吞吐量及订单波动大的零售仓储领域，尤其是目前依旧采用人工拣选方式的配送中心及仓库。

智慧仓配与中国经济
建设农产品仓储保鲜冷链物流设施
打通农产品出村的"最后一公里"

农产品的流通过程中，常常在出村后的"最后一公里"出现农产品销售困难、流通损耗大等问题。针对这类农民群众民生痛点和现代农业堵点，农业农村部会同有关部门启动实施了农产品仓储保鲜冷链物流设施建设工程，着力解决农产品出村的"最后一公里"问题。

2021年12月，国务院办公厅印发《"十四五"冷链物流发展规划》（以下简称《规划》），提出依托农产品优势产区、重要集散地和主销区，布局建设100个左右国家骨干冷链物流基地；围绕服务农产品产地集散、优化冷链产品销地网络，建设一批产销冷链集配中心。《规划》明确，到2025年，肉类、果蔬、水产品产地低温处理率分别达到85%、30%、85%，农产品产后损失和食品流通浪费显著减少。按照有关部署，农业农村部以特色农产品优势区、鲜活农产品主产区为重点，支持在农民合作社、家庭农场建设一批仓储保鲜、分拣包装、产后初加工等设施，提升农产品产地的商品化处理能力。同时，结合"菜篮子"工程，支持在大中城市建设一批农产品骨干冷链物流基地，打造区域农产品冷链物流枢纽，提升肉奶、蔬菜水果等鲜活农产品的供应能力。

截至2022年，中央财政以"先建后补"的方式，共支持2.7万个农民专业合作社、家庭农场和集体经济组织建设产地冷藏保鲜设施，并支持整县推进，新增库容1 200万吨以上，产地冷藏保鲜能力和商品化处理能力得以提升。农产品产区贮藏保鲜和产后商品化处理能力将明显提高，择期错季销售能力将明显增强，形成产地农产品流通的"蓄水池"和"新渠道"，进一步提升农产品市场运行的稳定性。

2023年，农业农村部办公厅印发了《关于继续做好农产品产地冷藏保鲜设施建设工作的通知》，明确提出要推动开展符合实际的冷藏保鲜设施数字化、智能化建设，提升产地冷链物流信息化水平。农产品仓储保鲜冷链物流设施建设作为现代农业发展的重大牵引性工程，其智能化程度的不断提高，对于补齐现代农业基础设施短板、扩大农业有效投资、增加农民收入、促进农业生产和农产品消费"双升级"意义重大。

配送的分类

在不同的市场环境下，为了满足不同产品、不同企业、不同流通环境的要求，配送表现出多种形式。这些配送形式既各有优势，也有一定的局限性。

一、按配送服务的范围分类

按配送服务的范围不同，可将配送分为城市物流配送和区域物流配送。

（一）城市物流配送

城市物流配送是指向城市范围内的众多用户提供服务配送，是专属服务于某一城区及其郊区的物流活动。其辐射距离较短，多使用载货汽车配送，机动性强、供应快、调度灵活，能实现少批量、多批次、多用户的门到门配送。

（二）区域物流配送

区域物流配送是指一种辐射能力较强，活动范围较大，可以跨省市配送的物流活动。它具有经营规模较大，设施齐全，活动能力强等特征，配送货物批量较大但批次较少。区域配送中心是配送网络或配送体系的支柱。

二、按配送主体分类

按配送主体的不同，可将其分为配送中心配送、商店配送、仓库配送和生产企业配送四种形式。

（一）配送中心配送

配送中心配送的主体是专职从事配送业务的配送中心，这种配送中心专业性强，与客户有较稳定的关系，一般实行计划配送。计划配送的数量大、品种多、半径大、能力强，可以承担企业生产所需要的主要物资的配送及商店需要的补充性配送等。配送中心配送是配送的主体形式，其经营特征就是把社会上闲散的资源整合利用，体现出社会规模经济效益，但由于需要大规模的配套设施，投资较大，一旦建成则机动性较差，因此也有一定的局限性。

（二）商店配送

商店配送的主体是商业零售网点或物资经营网点，主要承担零售业务，规模虽然不大，但经营品种齐全，容易组织配送。由于商业零售网点多，配送距离短，所以比较机动灵活，可以承担生产企业非主要生产物资的配送，以及对客户个人的配送，是配送中心配送的辅助及补充形式。

（三）仓库配送

仓库配送的主体是仓库，是以一般仓库为据点实施配送的形式，是在仓库保持原有功能的前提下增加的配送功能。由于不是为配送而专门进行设计的，仓库配送规模较小，专业化程度低，但可以利用仓库的原有资源而不需要大量投资，所以是开展中等规模配送可选择的配送形式。

（四）生产企业配送

生产企业配送的主体是生产企业，尤其是进行多品种生产的生产企业，可以直接由企业配送，而无须再将产品发运到配送中心进行中转配送。生产企业配送有效地减少了物流的中转次数，因此具有一定的优势，大多适用于大批量、单品种或对品种、规格和质量等要求相对稳定的产品，但不适用于多品种产品的配送，无法像配送中心那样整合利用闲散资源，难以满足客户多样化的要求。

三、按配送时间分类

按照配送时间的不同，可将其分为定时配送、定量配送、定时定量配送、定时定量定点配送、定时定线配送和即时配送六种类型。

（一）定时配送

定时配送是指按规定的时间或时间间隔进行配送的配送形式。每次配送的商品品种及数量既可以按计划进行，也可以在配送前由供需双方商定。定时配送有三种具体形式：小时配送、当日配送、准时配送。

（二）定量配送

定量配送是指按照事先协议规定的数量，在指定的时间范围内进行配送的配送形式。这种配送方式的计划性强，每次配送的商品品种及数量固定。

（三）定时定量配送

定时定量配送是指按规定的配送时间和配送数量进行配送的配送形式，兼有定时和定量两种方式的优点，但其特殊性强，制订计划难度大，要求配送组织有较强的计划性和准确性。因此适合采用的对象不多，是一种精密的配送服务方式，通常针对固定客户进行这项服务。

（四）定时定量定点配送

定时定量定点配送是指按规定的配送时间、地点和配送数量进行配送的配送形式，这种方式在客户较为固定又有长期稳定计划时使用。适合采用的对象不多，虽然配送效果理想，但不是一种普遍采用的配送方式。

（五）定时定线配送

定时定线配送是指在规定的运行路线上，制定运行时间表，按配送车辆的运行时间表进行配送的配送形式，客户可以提出配送要求并在指定时间到指定位置接货。

（六）即时配送

即时配送是指完全按照客户提出的时间、商品品种、数量等配送要求进行配送的配送形式，其核心流程是：客户配送订单需求直接推送到即时配送系统，订单信息通过即时配送系统直接推送给指定的本地第三方配送团队。团队接单后，由后台调度系统派单并规划最佳线路，配送员前往目的地取件，最后完成商品的物流转移，从而完成整个配送过程，实现O2O（Online to Offline，线上到线下）闭环。即时配送是一种有很高的灵活性的应急配送形式，是对各种配送服务的补充和完善，但配送成本较高。

四、按配送品种和数量分类

按配送品种和数量的不同，可将其分为单（少）品种大批量配送、多品种小批量配送和配套成套配送。

（一）单（少）品种大批量配送

单（少）品种大批量配送是指配送的商品种类少、批量大，不需要与其他商品搭配即可使车辆满载的配送形式，多由生产企业或专业性很强的配送中心直达客户。在这种情况下，配送中心的内部设置、组织、计划等工作较简单，可降低成本。这类商品大多由传统货运公司承接。

（二）多品种小批量配送

多品种小批量配送是指按客户要求将各种所需要的物资配备齐全，凑整装车后由配送点送达客户的配送形式。这种配送形式作业水平要求较高，使用设备较复杂，制订计划难度较大，需要有高水平的组织工作保证和配合。

（三）配套成套配送

配套成套配送是指按生产企业的需要，尤其是装备型生产企业的需要，把将生产每台产品所需的全部零部件配齐，按生产节奏定时送到生产企业的配送形式。生产企业收到后随即可将此成套零部件送入生产线装配产品。

五、按配送企业业务关系分类

按配送企业业务关系的不同，可将配送分为综合配送、专业配送和共同配送。

（一）综合配送

综合配送是指配送商品的种类较多，在一个配送网点中组织不同专业领域的商品向客户配送的配送形式。它可以减轻客户为组织所需要的全部商品进货的负担，只需要通过和少数配送企业联系，便可解决多种需求的配送。

（二）专业配送

专业配送是指根据商品性质、形状的不同，适当划分专业领域的配送形式。其重要优势在于可以根据专业的共同要求优化配送设施，优选配送机械及配送车辆，设定适用性强的工艺流程等，从而提高配送各环节的工作效率。

（三）共同配送

共同配送是指由多个配送企业联合在一起共同进行的配送形式。共同配送又可以分为两种类型，一种是以货主为主体的共同配送，另一种是以物流业者为主体的共同配送。其实质是相同或不同类型的企业联合配送。共同配送通常由一个配送企业综合某一地区内多个客户的需求，统筹安排配送时间、次数、路线和商品数量，全面进行配送。

共同配送的目的在于最大限度地提高人员、物资、金钱、时间等物流资源的效率以降低成本，取得最大效益并提高服务水平，即配送合理化。共同配送还可以减少不必要的交错运输，并取得缓解交通、保护环境等社会效益。

六、按产品的加工程度分类

按产品的加工程度的不同，可将配送分为加工配送和集疏配送。

（一）加工配送

加工配送是指在配送据点设置流通加工环节，当社会上现成的产品不能满足客户需要或客户提出特殊的工艺要求时，可以先经过加工后再进行分拣、配货，最后送货到户的配送形式。

（二）集疏配送

集疏配送是指只改变产品数量、组成形态而不改变产品本身的物理形态、化学形态，与干线运输相配合的一种配送形式。

第四节
智慧配送设施设备

在配送中应用的智慧配送设施设备包括无人机、自动导引车、物流机器人、无人驾驶货车、地下物流等。

一、无人机

当前，我国已经成为世界上规模最大的快递服务国家，需要大量的从业人员提供快递服务。但目前快递企业开始面临招工难、招工贵等问题。同时，未来我国快递业务的规模将不断扩大，很多快递、电商企业希望自动化或无人化设备的应用能增加快递处理能力，提高物流服务效率和质量，降低人工成本。例如，中国邮政、顺丰和京东这些企业在分拣、运输、派送等快递服务环节已经开始大量使用无人化技术，无人机、无人车等设备陆续投入应用。

无人机，全称为无人驾驶飞机，是指利用无线电遥控设备或自备的程序控制装置操纵的不载人飞机。目前，企业用的无人机主要为四旋翼或八旋翼式，飞行高度在1 000米以下，飞行半径在10千米上下，承重在10千克以内。

无人机适用于偏远地区和紧急件的派送，同时能有效提高配送效率，减少人力、运力成本。部分企业已研发出吨级以上的无人机，用于大批量货运的支线运输或干线运输。

二、自动导引车

自动导引车（Automatic Guided Vehicle，AGV）是指采用自动或人工方式装载货物，先按设定的路线自动行驶或牵引着载货台车至指定地点，再用自动方式或人工方式装卸货物的工业车辆。

随着仓储自动化、电子技术、计算机集成系统技术、柔性制造系统和物流业的发展，自动导引车得到了广泛应用，已经成为智能仓配系统的重要搬运设备。20世纪70年代末，我国研制出第一台自动导引车，随后该技术在我国得到了较快发展。

自动导引车有以下几种分类方法：

（1）按照导引方式的不同，可分为固定路径自动导引车和自由路径自动导引车。

（2）按照运行方向的不同，可分为向前运行自动导引车、向后运行自动导引车和万向运行自动导引车。

（3）按照移载方式的不同，可分为侧叉式移载自动导引车、叉车式移载自动导引车、推挽式移载自动导引车、辊道输送机式移载自动导引车、链式输送机式移载自动导引车、升降台式移载自动导引车和机械手式移载自动导引车。

（4）按照充电方式不同，可分为交换电池式自动导引车和自动充电式自动导引车。

（5）按照转向方式不同，可分为前轮转向自动导引车、差速转向自动导引车和独立多轮转向自动导引车。

三、物流机器人

机器人是典型的机电一体化高科技产品，是计算机科学技术、自动化控制技术、电子技术、机械技术、动力学、光学等多学科技术的综合产物。机器人技术及其产品对于提高生产自动化水平、劳动生产率、经济效益，以及保证产品质量、改善劳动条件等起着很大的作用。

随着物流技术的发展，物流机器人能按照预先设定的命令高速、准确地将不同外形、尺寸的包装货物整齐、自动地码放或拆卸在托盘上，完成仓库中货物的码盘、搬运、堆垛和拣选等作业，在有污染、高温、低温等特殊环境和重复单调的作业环境中优势更加明显。

四、无人驾驶货车

随着高端传感器、高端芯片、5G通信等新一代信息技术的迅猛发展，无人驾驶已不再是一种技术展望，无人驾驶车辆上路离人们越来越近。

大多数人认为无人驾驶车辆将首先在家用车中得到应用，因为家用车小而灵活，更便于计算机控制。事实上，虽然家用汽车小巧、灵活且普遍，但它面临着更高的难度和技术挑战，它不仅需要在每个角落覆盖低延迟、高效率的通信网络，还需要灵敏和快速的制动装备，以便应对突如其来的紧急情况，并面临个体分散、道路不确定性较大等问题。而在商用领域却不同，如城市公共汽车和大型港口运输车辆，这些车辆的行驶路线较为固定。大型物流园区除了行驶路线固定外，障碍物和突发因素也较少，是无人驾驶货车比较理想的应用场所。可以说城市公共交通、大型港口和物流园区、高速公路货车编队将是无人驾驶货车的先行应用场景。

五、地下物流

近年来，电子商务的迅猛发展仅仅依靠地上物流的配送已经无法妥善处理配送市场的庞大需求，地下物流应运而生。地下物流也称胶囊物流，它作为一个新兴的研究领域正受到越来越多的关注，地下物流使得地下空间得到充分的开发和利用，极大地发挥了地下运输配送的功能，突破了物流配送过程中效率的瓶颈，为解决城市发展与物流需求不断增长的矛盾提供了一种新的思路。

按照运输工具的不同，可将地下物流分为三类：隧道式地下物流、管道式地下物流和车辆式地下物流。

（一）隧道式地下物流

隧道式地下物流是指以现有的地铁、轨道等交通运输系统为基础进行分配和运输的物流方式，它能够对客货车厢进行优化分配，提高隧道交通客货服务的质量，对正在使用的地下隧道资源进行充分的利用。

（二）管道式地下物流

按照动力来源不同，管道式地下物流可以分为气力输送、浆体输送和舱体输送。气力输送是指在密闭的管道内，以气流为媒介输送粉末状、纤维状、叶片状等物质的物流方式，常见的输送产品有水泥、面粉、棉花、茶叶等。气力输送结构简单，能够进行远距离输送，运量大且运输速率高，但对货物的损耗较大。浆体输送是指以固液混合物的形式运输固体货物的物流方式。其建设周期短且速度快，可进行连续运行，几乎没有物料损耗，而且能够实现自动控制。但输送的货物种类比较单一且需要消耗大量的液体媒体。舱体输送是指以水或者空气作为输送介质的物流方式，根据输送介质不同，又可将其分为水力舱体运输管线（Hydraulic Capsule Pipeline，HCP）和气力舱体运输管线（Pneumatic Capsule Pipeline，PCP）。HCP可运送水产、农产品等，能使货物在水流的作用下同时达到运输和保鲜的作用。

（三）车辆式地下物流

车辆式地下物流是目前城市地下物流系统的研究热点，主要以动力驱动，并由自动导引车、两用卡车等工具进行运输，其时速快，可运送多种形态的货物。车辆式地下物流绿色节能，更符合城市可持续发展理念和物流配送的绿色发展趋势。

同步测试

一、单选题

1. ( ) 是指由企业或各类组织自主经营和自行管理，为自身的物品提供储存和保管的仓库。
   - A. 自营仓库
   - B. 公共仓库
   - C. 普通仓库
   - D. 冷藏仓库

2. ( ) 是基于物联网技术，能够对物品（快递）进行识别、暂存、监控、管理的设备。
   - A. 货架
   - B. 智能快递柜
   - C. 叉车
   - D. 输送设备

3. ( ) 是指完全按照客户提出的时间、商品品种、数量等配送要求随即进行配送的应急方式。
   - A. 定时配送
   - B. 即时配送
   - C. 定量配送
   - D. 定时定量配送

4. ( ) 是指仓库经营者根据相关法律取得营业资格，可以对外营业的仓库，承接仓储服务外包的业务。
   - A. 营业用仓库
   - B. 自营仓库
   - C. 公共仓库
   - D. 恒温仓库

5. 自动导引车的缩写是（ ）。
   - A. AVG
   - B. AGV
   - C. GAV
   - D. VGA

二、多选题

1. 按配送企业业务关系分类包括（ ）。
   - A. 综合配送
   - B. 专门配送
   - C. 共同配送
   - D. 无人机配送

2. 物流仓储行业也逐渐进入无人化和智能化阶段，其目的是适应更快的国际工业发展，（ ）。
   - A. 降低人工成本
   - B. 提升仓储能力
   - C. 提升仓储效率
   - D. 提升货物分发准确度

3. 下列属于立体仓库组成部分的有（ ）。
   - A. 巷道堆垛起重机
   - B. 高层货架
   - C. 自动化控制系统
   - D. 自动导引车

4. 以下对于即时配送的说法中，正确的有（   ）。
   A. 客户配送订单需求直接推送到即时配送系统
   B. 订单信息通过即时配送系统再直接推送给指定的本地第三方配送团队
   C. 是一种应急配送形式
   D. 配送成本较高
5. 自动导引车的分类中，按照运行方向的不同，可分为（   ）自动导引车。
   A. 向前运行   B. 向后运行   C. 万向运行   D. 独立多轮转向

三、判断题

1. 公共仓库是指面向社会提供物品储存服务，并收取费用的仓库。（   ）
2. 综合性仓库是指同时存放两种大类以上不同自然属性货物的仓库。（   ）
3. 定时配送是指按规定的时间或时间间隔进行配送的配送形式。（   ）
4. 无人机，全称为无人驾驶飞机，是利用无线电遥控设备或自备的程序控制装置操纵的不载人飞机。（   ）
5. 隧道式地下物流是指以现有的地铁、轨道等交通运输系统为基础进行分配和运输的物流方式。（   ）

综合实训

企业参观调研

一、实训目的

1. 学生通过对不同类型仓储企业的参观调研，体验仓储企业的工作环境，了解智慧仓配设施设备涉及的工作任务、工作流程及不同岗位使用的设施设备。
2. 了解不同类型仓储企业的相同点和不同点，并认识现代物流企业对设备管理人员的要求。

二、实训步骤

1. 调研分析。学生每5~8人分为一组，每组自行确定想要调研的企业，通过网络、数据库等平台收集文献资料，了解该企业的基本情况，设计调研问卷或调研访谈提纲。

2. 调研实施。与企业联系并确定调研时间，开展调研并做好相关记录。可适当拍摄照片并整理调研材料。

3. 撰写调研报告。学生分组撰写调研报告。调研报告包括该企业设施设备的管理现状、业务类型、软硬件配备情况等，分析其设施设备管理中存在的问题。详细分析每个问题，小组讨论并给出可行性解决方案。每个小组进行恰当分工，最后在课堂上汇报成果。

三、实训要求

1. 通过实地走访企业，调查我国仓储企业设施设备的使用现状及存在的主要问题。
2. 通过分析有针对性地提出建设性意见，提交实训报告。

四、实训成绩

每位学生的成绩由两部分组成：课堂讨论成绩（50%）和总结成绩（50%）。

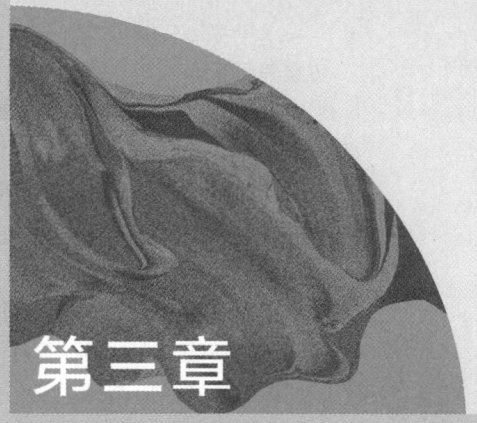

第三章

智慧仓配运营规划布局

学习目标

//素养目标//
- 培养学生实事求是的探索精神
- 培养学生作为现代物流人的大局观、使命感和社会责任感
- 培养学生作为现代物流人的敬业精神和吃苦耐劳精神

//知识目标//
- 了解智慧仓储的规划及仓库选址原则
- 掌握仓库选址的影响因素及程序
- 掌握仓库规划布局的类型
- 熟悉智慧配送作业规划的基本内容
- 了解智慧配送的发展趋势

//技能目标//
- 能够根据相关影响因素进行简单的仓库选址
- 能够对仓库进行合理的规划布局
- 能够对仓库货架货位进行编号
- 能够制定智慧配送作业规划
- 能够根据需求选择"最后一公里"配送模式

思维导图

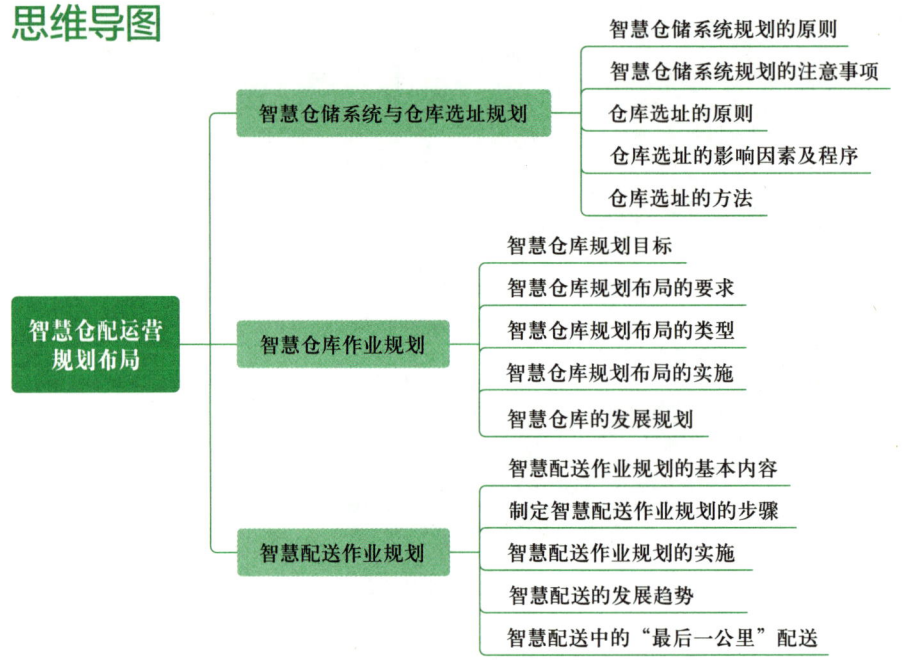

物流园区规划的智能化迭代创新

目前，我国物流园区借助智能化与数字化手段，赋能园区迭代创新，重塑园区运营模式。

首先，中国物流行业将重点着力于智慧物流的深化应用、物流供应链的模式创新、可持续发展的绿色低碳物流等方面的建设。数字化转型为物流园区转型带来发展契机，物联网、大数据、5G、云计算、区块链等新技术的结合与应用，推动物流园区朝着多元化、网络化、智慧化的方向发展。

其次，新零售、C2M（Customer to Manufactory，由用户驱动生产的反向模式）等业务模式变革为物流园区创造了全新的市场需求。例如，冷链物流产业的高速增长以及直播电商、社区团购等电商细分领域的蓬勃发展，给物流园区的基础设施建设、作业流程管理、服务方式创新等方面带来了广阔的发展空间。C2M业务模式使产品设计和供应链更具柔性化，在全渠道融合的过程中，企业走向线上全流程发展是趋势，智慧物流园区将会为其提供技术和服务保障。

最后，无人化、无接触管理服务应用在物流园区快速落地实施。为解决无人化、无接触管理服务的需求，园区通过访客登记、扫码入园、轨迹追踪、一站式服务、自动化仓库、AGV、无人叉车、机器人、无人驾驶等信息化、智能化方式应对，有利于智能化应用场景的进一步实施，产生实际应用价值。

【引例分析】

我国各大物流园区正通过智能化与数字化的手段，实现其运营模式的全方位迭代创新。不仅智慧物流、物流供应链的模式创新及绿色低碳物流成为了新的行业发展重点，新零售、C2M等业务模式的变革也为物流园区创造了新的市场需求。此外，无人化、无接触管理服务的应用进一步加速了园区的智能化进程。经过多年实践，物流园区的智能化发展已展现出多样化的应用场景，提升了运行效率，增加了客户满意度，并推动了其数字化转型与可持续发展。

智慧仓储系统与仓库选址规划

一、智慧仓储系统规划的原则

智慧仓储系统规划必须遵循一定的原则，通过具体的需求分析，实现仓储能力与成本的合理规划，使智慧仓储系统既能够满足库存量和输送能力的需求，又能够降低设计成本。具体包括以下几项原则：

（一）总体规划原则

在进行布局规划时，要对整个智慧仓储系统的所有方面进行统筹考虑。对该系统进行物流、信息流、商流的分析，合理地对以上"三流"进行集成与分流，从而更加高效、准确地实现货物流通与资金周转。

（二）最小移动距离原则

保持仓库内各项操作之间的最小移动距离，货物和人员之间的流动距离能省则省，尽量缩短，以节省物流时间，降低物流费用。

（三）直线前进原则

这一原则要求设备安排、操作流程应能使货物搬运和储存按自然顺序逐步进行，避免迂回、倒流。

（四）平面设计原则

如无特殊要求，仓储管理应当尽量保持在同一平面进行，从而减少作业效率较低、能源消耗较大的起重机械的数量，进一步简化仓储管理流程，提高仓储系统效率。

（五）利于提高仓储经济效益原则

物流园区总平面布置既要充分利用园区平面面积，又要方便物流作业和运营管理，以利于提高仓储经济效益。

（六）单一方向原则

货物的卸车地、验收地、存放地位置安排应顺应仓储生产流程，使货物沿一个方向流动，即保持单一的物流方向。

（七）充分利用空间、场地原则

在安排设备、人员、货物时，应使其进行适当的配合，充分利用空间，包括垂直与水平方向，但也应保持设备的适当空间，以免影响工作。

（八）弹性原则

弹性原则要求设备之间能够保持一定的空间，以利于设备的技术改造和工艺的重新布置，并保留一定的维护空间。

（九）能力匹配原则

能力匹配原则要求设备的存储和输送能力要与仓储系统的需求及频率相协调，从而避免设备能力的浪费。

（十）安全性原则

在进行规划时，要考虑操作人员的安全和方便。各建筑区之间应遵循"建筑防火设计规范"的规定，保留一定的防火间距，有防火、防盗安全设施；同时考虑作业环境的卫生、绿化、通风、日照等条件，利于职工健康，文明生产。

二、智慧仓储系统规划的注意事项

企业在做智慧仓储系统规划时，应注意以下事项：

（1）设备技术选择成熟且先进的，不选过时的；选择效率适当高的，不选最高的。

（2）规划方案尽量选择柔性的、可扩展的。

（3）产能的规模设计不要超前太多或预估太少。

（4）选择的设备尽可能可替代性强一些。

（5）尽可能降低人力投入，减轻人的劳动强度，尽量降低人工操作技能的难度，尽量减少差错率。

（6）仓储方案应化繁为简，化难为易。

（7）仓储方案能向空间拓展的，尽量少向平面拓展。

（8）仓储自动化工艺方案中的进出流量要平衡，切忌出现瓶颈。

三、仓库选址的原则

仓库选址是指在一个具有若干供应点及若干需求点的经济区域内，选一个地址建立仓库的规划过程。合理的选址方案应该使货物通过仓库的汇集、中转、分发，达到需求点全过程的效益最大化。因为仓库的建筑物及设备投资太大，所以选址时要慎重，如果选址不当，将面临巨额损失。仓库选址有以下原则：

（一）适应性原则

仓库的选址要与国家及地区的产业导向、产业发展战略相适应，与国家的资源分布和消费者需求分布相适应，与国民经济及社会发展相适应。

（二）协调性原则

仓库的选址应将国家的物流网络作为一个大系统来考虑，使仓库的设施设备在区域分布、物流作业生产力、技术水平等方面相互协调。

（三）经济性原则

仓库的选址的结果要保证建设费用和物流费用最低，如选定在市区、郊区，还是靠近港口或车站等，既要考虑土地费用，又要考虑将来的运输费用。

（四）战略性原则

仓库的选址要有大局观，一是要考虑企业发展全局，二是要考虑企业的长远规划。既要有战略眼光，又要有发展眼光，局部利益要服从于全局利益，短期利益要服从于长远利益。

（五）可持续发展原则

仓库的选址在环境保护上应充分考虑长远利益，维护生态环境，促进城乡一体化发展。

四、仓库选址的影响因素及程序

（一）仓库选址的影响因素

1. 内部因素

（1）企业经营方针。企业需要根据经营方针和政策确定仓库的位置、性质，以及建设形态。

（2）仓库经费和仓库技术。企业应根据客观条件和具体经营情况分析建设成本，同时结合技术水平的高低及未来的理想状态进行有效选址。

（3）货物装卸、堆放的方便程度。为有效衔接各作业环节，提高整体工作效率，选址时应考虑货物装卸、堆放是否方便。

（4）运输车辆周转和废弃物处理。在仓库选址过程中，应考虑运输车辆出库的等待时间和行驶路线是否存在障碍，以及是否能够有效地处理废弃物等。

2. 外部因素

（1）城市道路规划。仓库选址时应了解所在地的公路和铁路等的交通规划，根据这些因素就近为仓库选址。

（2）运输费用及交通。仓库选址时应确定理想的运输路线，以降低运输成本、提高运输效率。

（3）资源供应情况。仓库选址时应调查仓库所在地的给排水是否方便，电力供应和其他所需能源的供应是否方便和充足。

（4）劳动力状况。仓库选址时应考虑仓库所在地的劳动力供给状况，并衡量当地的劳动力费用，以降低仓储管理成本。

（5）客户状况。仓库选址时应考虑仓库与客户之间的距离远近，尽量接近较多的客户，以便及时为客户提供服务，同时应考虑客户对物流服务的需求状况。

（6）气候条件。仓库选址时应考虑仓库所在地的湿度、温度等自然条件，并考虑所在地的水资源供给状况。

（7）其他因素。仓库选址时应考虑国土资源利用、环境保护要求和周边状况等因素。例如，仓库是火灾重点防护单位，既不宜在易引发火灾的工业设施附近选址，也不宜在居民区附近选址。

（二）仓库选址的程序

基于仓库选址需要考虑的诸多因素，企业应当建立完善的选址程序，确保仓库选址合理，仓库选址程序如图3-1所示。

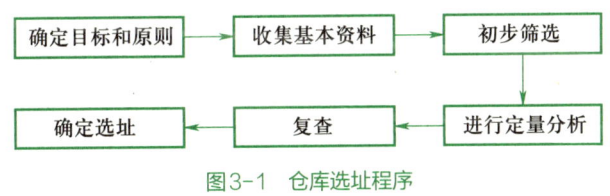

图3-1　仓库选址程序

具体来说，仓库选址的程序如下：

（1）确定目标和原则。根据企业的实际情况和客户特点，确定仓库选址的目标和原则。

（2）收集基本资料。收集各地的物流需求量、交通情况、劳动力状况等基本资料。

（3）初步筛选。综合考虑选址原则和影响因素，建立相应的筛选指标体系，并结合实际情况选出备选点的位置。

（4）进行定量分析。根据选址目标和约束条件，采用定量分析方法，选择建立选址的模型，确定满足要求的仓库位置。

（5）复查。验证结果的合理性并进行优化。

（6）确定选址。确定仓库的最终位置。

五、仓库选址的方法

（一）因素评分法

利用因素评分法进行仓库选址的具体步骤如下：

（1）确定一组相关的选址决策因素。

（2）对每个因素赋予一个权重，以反映这个因素在所有因素中的重要性。每个因素的分值根据权重来确定，而权重则要根据成本的标准差来确定，而不应根据成本值来确定。

（3）对所有因素的打分设定一个共同的取值范围。

（4）针对每个备选地址，对其所有因素按设定范围打分。

（5）将各个因素的得分与相应的权重相乘，并把所有因素的加权值相加，得到每个备选地址的最终得分。

（6）选择得分最高的地址作为最终的选址。

（二）本量利分析法

任何选址方案都需要投入一定的固定成本和变动成本，且成本和收入都随着仓库储量的变化而变化。本量利分析法是指对成本和储量进行量化分析，计算出各方案盈亏平衡点的储量，以及各方案总成本相等时的储量，进而进行比较，选择在同一储量上利润最大化方案的方法。

（三）重心法

重心法是指通过选择重心位置来降低成本的方法。重心法将成本看作运输距离和运输数量的线性函数，即距离越长或数量越多，成本越高。企业可以先在地图上确定各点的位置，再设定各点位置的坐标，计算出重心位置，即选址所在地。

智慧仓库作业规划

近年来，传统仓库效率低、浪费大、管理难等问题越发突出，即使企业有完善的库存管理系统的组织结构，缺货、爆仓等情况也时有发生。因此，智慧仓库的规划管理成为仓库转型的主流方向，库存管理更加依赖以自动化和人工智能技术为核心的智慧仓库。

智慧仓配与中国经济
京东机器人：让物流更高效

2017年夏天，京东配送机器人在中国人民大学顺利完成首单配送任务，这代表着机器人配送由可能逐渐变为现实。

京东物流在机器人应用方面走在了国内物流企业的前列。京东物流首席规划师、无人仓项目负责人介绍道，京东无人仓最大的特点就是对于机器人大规模、多场景的应用。在京东无人仓运行的整个流程中，从货到人，到码垛、供包、分拣，再到集包转运，应用了多种不同功能和特性的机器人，总数量达近千个。而这些机器人不仅能够依据系统指令处理订单，还可以完成自动避让、路径优化等工作。无人仓是京东在智能化仓储方面的一次大胆创新，其自动化、智能化设备覆盖率达到100%，可以应对电商灵活多变的订单的业务形态。

在分拣场内，京东物流引进了3种不同型号的智能搬运机器人执行任务：在多个场景中，京东物流分别使用了2D视觉识别、3D视觉识别以及由视觉技术与红外测距组成的2.5D视觉技术，为这些智能机器人安装了"眼睛"，实现了机器人与环境的主动交互。

在广东麻涌分拣中心，京东物流在1 200平方米的平台上，引入了300个代号为"小黄人"的分拣机器人进行取货、扫码、运输、投货等工作。机器人投入使用后，货物分拣效率变得更高，单小时处理货物能够达到12 000件，大幅减少了分拣作业对人员的需求，货物分拣也更及时、准确；此外，分拣环节的减少让货物搬运次数相应减少，货物安全更有保障。

京东机器人的投入使用，让物流更加高效，对中国经济发展和新质生产力发展具有重要意义。高效的物流配送提升了消费者的购物体验，使消费者更愿意进行线上消费，进而拉动内需，推动经济增长；物流效率的提升会带动包装、运输、仓储等一系列相关产业的发展，创造更多的就业机会和经济效益。京东机器人的应用是人工智能等新技术的实践，展示了新质生产力中技术驱动的特点；它改变了传统物流模式，引领物流行业向智能化、自动化方向发展，塑造了新的生产和运营模式。

一、智慧仓库规划目标

仓库管理已经成为供应链运营的核心。长期以来，虽然企业在不断地完善库存管理系统的组织结构，但传统仓库仍然存在效率低下、规划不明、缺乏时效性等诸多问题。

近年来，随着自动化和人工智能技术的不断发展，传统仓库的管理也迎来了智慧化转型的契机。例如，百世云仓依靠以仓储机器人为核心的智慧化手段，将传统仓库的"人找货"模式变为"货找人""货架找人"模式。当百世云仓的仓储机器人收到订单信息之后，就会在智慧系统的安排下，选取最优路线驶向存放货物的货架，并将其搬运至员工配货区。配货员只需要等待货架被搬至面前，即可从平板电脑提示的货位上取下所需货物，并将其送上传送带。

目前，我国大部分企业正处于仓库管理升级的阶段，即由机械化阶段向信息化与智慧化阶段不断升级。仓库管理升级的原因不仅在于电商、物流产业的高速发展使智慧仓库的需求增加，也是劳动力成本、土地成本不断上涨的必然结果，还是国家政策大力支持的发展方向。基于各个企业的情况有所不同，企业推进智慧仓库升级的手段也各有不同。但究其本质，智慧仓库的规划目标主要包括以下五个方面：

（一）高度智慧化

智慧化是数字化时代智慧仓库最显著的特征。智慧仓库不只是自动化，更不局限于存储、输送、分拣等作业环节，而是仓储全流程的智慧化，包括应用大量的机器人、RFID标签、制造执行系统（Manafacturing Execution System，MES）、WMS等智慧化设备与软件，以及物联网、人工智能、云计算等技术。

（二）完全数字化

新零售时代的一个突出特征就是海量的消费者个性化需求，想要对这些需求进行快速响应，就需要实现完全的数字化管理，将仓储与物流、制造、销售等供应链环节结合起来，在智慧供应链的框架体系下，实现仓储网络全透明的实时控制。

（三）仓储信息化

无论是智慧化还是数字化，其基础都是仓储信息化的实现，而这也离不开强大的仓储信息系统支持。仓储信息化主要包括以下两个特点：

1. 互联互通

要想使信息系统有效运作，就要将其与更多的设备、系统互联互通，以实现各环节信息的无缝对接，尤其是WMS、MES等，从而确保供应链的流畅运作。

2. 安全准确

在网络全透明和实时控制的仓储环节中，想要推动仓储信息化发展，就要依托信息物理系统（Cyber-Physical Systems，CPS）、大数据等技术，解决数据的安全性和准确性问题。

（四）布局网络化

在仓储信息化与智慧化的过程中，任何设备或系统都不再孤立地运行，而是通过物联网、互联网技术智能地连接在一起，在全方位、全局化的布局下，形成一个覆盖整个仓储环境的网络，并使其与外部网络无缝对接。基于这样的网络化布局，仓储系统可以与整个供应链快速地进行信息交换，并实现自主决策，从而确保整个系统的高效率运转。

（五）仓储柔性化

在大规模定制的新零售时代，仓储柔性化构成了制造企业的核心竞争力。只有依靠更强的柔性能力，企业才能应对高度个性化的消费者需求，并缩短产品创新周期、加快生产制造节奏。而企业要想将这一竞争力传导至市场终端，同样需要以仓储环节的柔性能力作为支撑。仓储管理必须根据上下游的个性化需求进行灵活调整，扮演好商品配送服务中心的角色。

二、智慧仓库规划布局的要求

在组建、规划智慧仓库时，本着方便、科学的原则，对智慧仓库规划布局有以下四项要求。

（一）符合工艺

为满足符合工艺的要求，企业应做到：

（1）在地理位置上，智慧仓库应满足产品加工工序的要求。

（2）相关仓区应尽可能地与加工现场相连接，减少物料和产品的迂回搬运。

（3）各仓区最好有相应的规范作业程序说明。

（4）按储存容器的规格、楼面载重能力和叠放的限制高度，将仓区划分为若干仓位，并用油漆或美纹胶在地面标明仓位名、通道和通道走向。

（5）测定安全存量、理想最低存量或定额存量，并有相应的标牌。

（6）将货物检签、道路标签、叉车读卡器、手持读卡器等运用物联网技术进行集成管理。

（二）符合顺畅进出

为满足符合顺畅进出的要求，企业应做到：

（1）在规划智慧仓库时，要考虑到物料的运输问题。

（2）各仓区要与生产现场靠近，保持通道顺畅。

（3）要尽可能地将进出仓门与电梯相连，并规划出相应的运输通道，同时充分考虑运输路线等问题。

（4）每个仓区要有相应的进仓门和出仓门，并有明确的标牌。

（5）仓库办公室尽可能设置在仓区附近，并有仓名标牌。

（三）满足安全要求

智慧仓库是企业主要物资的集散地，在规划时要特别考虑以下两点安全因素：

（1）智慧仓库要有充足的光、气、水、电、消防器材等，并有良好的通风设备。

（2）需要配备防火通道、安全门、应急装置和一批经过培训合格的消防人员或灭火机器人。还需要明确规定消防器材所在位置、消防通道和消防门的位置和救生措施等。

（四）分类存放

先对所有物资进行分析，归纳分类，然后再进行分类储存，物资存放主要有以下分类方式：

（1）常用物资仓可分为原材料仓、半成品仓和成品仓。

（2）工具仓主要用于存放各种工具。

（3）办公用品仓主要用于为智慧仓库的日常管理提供各种常用办公用品。

（4）特殊物料仓主要用于针对有毒、易燃易爆等物品进行专门存放处理。

（5）仓区内要留有必要的废次品存放区、物料暂存区、待检区、发货区等。

三、智慧仓库规划布局的类型

智慧仓库规划布局主要有以下四种类型，分别适用于不同的企业。

（一）辐射型仓库

辐射型仓库位于多个客户的中间位置，物资由此辐射运送给各个客户，如图3-2所示。辐射型仓库适用于客户相对集中的情况，也适用于充当运输主干线路转运站的仓库。

（二）吸收型仓库

吸收型仓库位于多个产地的中间位置，物资从各个产地向此集中，如图3-3所示。吸收型仓库通常作为集货中心，负责将多个产地的物资集中储存。

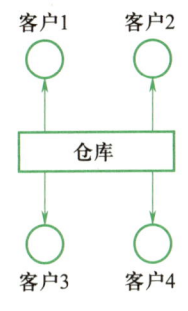 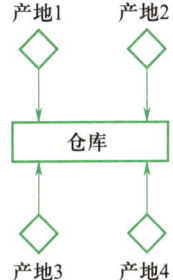

图3-2　辐射型仓库　　　　　图3-3　吸收型仓库

（三）聚集型仓库

聚集型仓库与辐射型仓库相反，是以客户为中心分散在客户四周，如图3-4所示。聚集型仓库适用于经济区域中生产企业较密集的情况，如工业园等。

（四）扇形仓库

扇形仓库的物资向某一方向呈辐射状运送，该方向通常与运输干线方向一致，如图3-5所示。扇形仓库适用于贴近运输主干线的上游仓库，负责将物资运往下游仓库。

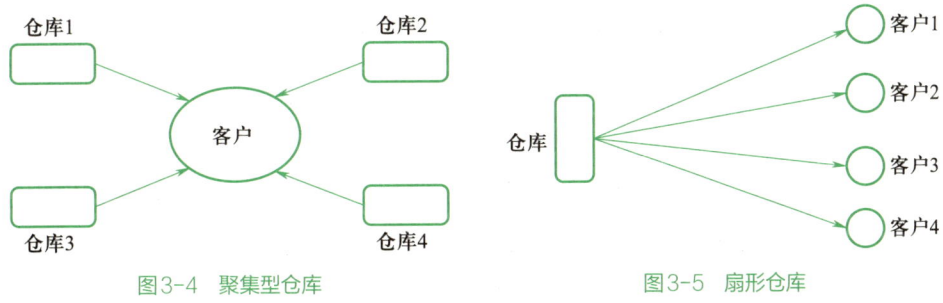

图3-4　聚集型仓库　　　　　　图3-5　扇形仓库

四、智慧仓库规划布局的实施

（一）智慧仓库功能区域布局

根据作业流程需要，智慧仓库通常划分为多个功能区域，最常见的有收货区、储存区、办公区、拣选区、出库区、退换货处理区、作业设备存放区等，如表3-1所示。

表3-1　智慧仓库功能区域划分

功能区域	作业主流程	作业子流程	主要涉及区域
收货区	入库	收货	进货月台
		卸货	入库暂存区
		验收	入库验收区
储存区	在库	在库保养保管	储存区
办公区	订单处理	接受订单	办公室
		处理、分配订单	办公室
拣选区	拣选	出库拣货	拣选区
出库区	出库	扫描复核	复核区
		打包	打包区
		出库暂存	出库暂存区
		装车	出货月台
退换货处理区	退换货	退换货处理	退换货处理区
作业设备存放区	作业设备存放	存放叉车等设备	作业设备存放区

（1）收货区。收货区又包括进货月台，货物卸货的入库暂存区，用于入库商品的清点核对（数量检验）、外观检验（质量检验）的入库验收区等。

（2）储存区。储存区用于在库商品的保养和保管，根据需要，有些仓库又将储存区划分为平面储存区（地面堆码存放）和货架储存区（使用货架存放）。

（3）办公区。办公区用于接受订单和处理、分配订单。

（4）拣选区。拣选区用于出库拣货操作。有些仓库采用存拣合一模式，存储区也为拣选区，即直接从储存区拣货。有些仓库另设拣选区，先将待拣物品从储存区移动到拣选区，在拣选区按单拣货，这种方式可以减少拣货人员的行走距离，提高工作效率，适用于拣货品种较少的场合。

（5）出库区。出库区用于出库商品的扫描复核、打包、出库暂存、装车等操作。

（6）退换货处理区。退换货处理区用于退换货处理中的登记、质检、包装，退货上架前和次品退仓前的暂存操作。

（7）作业设备存放区。作业设备存放区用于存放托盘、叉车、机器人充电桩等设施设备。

除了上述功能区域之外，有些仓库还设有拆零区、流通加工区、分货区、集货区、包装区等。

（二）智慧仓库平面规划布局

布局智慧仓库的功能区域时，需要分析各区域业务流程的关联度，根据关联程度确定哪个功能区域和哪个功能区域相邻，形成合理的平面规划布局。智慧仓库平面规划布局一般按照货物流动路线分为3种形式。

1. U形动线

U形动线中，在仓库的两侧分别有相邻的进货月台及入库暂存区、出货月台及出库暂存区，适合进行越库作业，使用同一通道供车辆出入，易于控制和安全防范，可以在仓库的三个方向进行空间扩张，如图3-6所示。

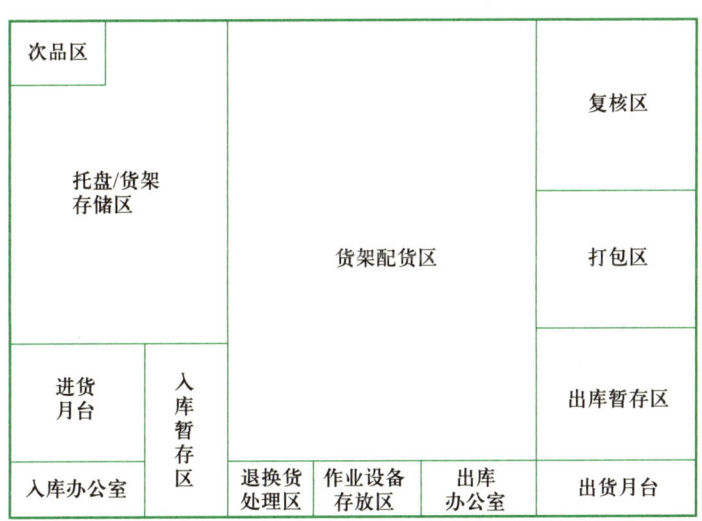

图3-6　U形动线

2. I形动线

I形动线中，出库和入库区域在仓库的不同方向。可以应对进出货高峰同时发生的情况，常用于接收相邻加工厂的货物，或者不同类型车辆来出货和发货，如图3-7所示。

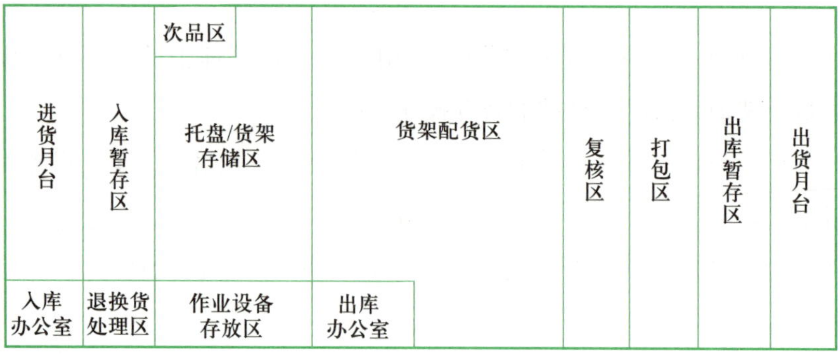

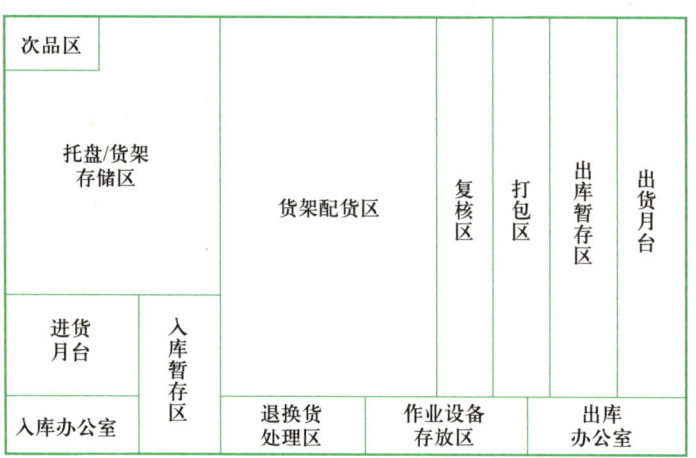

图3-7 I形动线

3. L形动线

L形动线适合处理快速货物的仓库动线，L形动线把货物出入库的途径缩至最短，可以应对进出货高峰同时发生的情况，适合越库作业的进行，可以同时处理"快流"及"慢流"的货物，如图3-8所示。

图3-8 L形动线

（三）智慧仓库的货架货位布局

1. 货架货位布局原则

货架货位布局一般采用分区分类储存原则，也就是将储存区按某种规则划分为若干子区域，分别存放不同类别的货物。

分区分类存放的原则如下：

（1）存放在同一货区的货物必须具有互容性。

（2）保管条件不同的货物不应混存。

（3）作业手段不同的货物不应混存。

（4）灭火措施不同的货物不能混存。

储存区分区方式有以下几种：

（1）按货物的种类和性能进行分区。

（2）按货物发往地区进行分区。

（3）按货物的危险性质进行分区。

（4）按方便作业和安全作业进行分区。

（5）按不同货主的储存货物进行分区。

2. 智慧仓库的货架布局

在仓储作业中，货架的摆放会直接影响检货人员或机器人的工作效率。

货架的布局要根据智慧仓库的实际情况进行，主要结合以下五点进行设计：

WMS智能
仓储管理
系统

（1）摆放方式。货架按双排摆放，背靠背的形式，两侧可摆放单排货架。可节约空间，方便拣货。如图3-9所示。

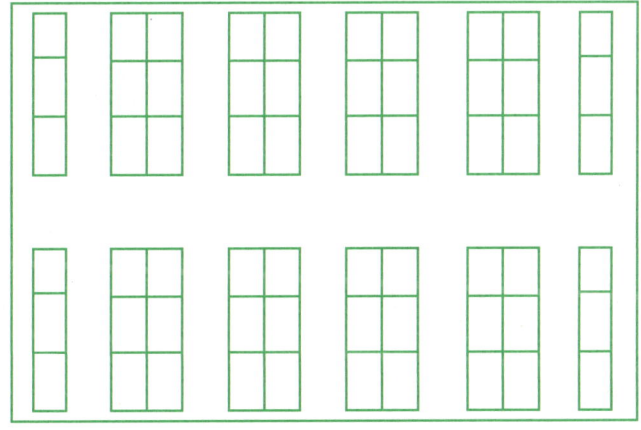

图3-9　货架布局

（2）排距。每排货架间距取决于智慧仓库常用的拣货作业方式。一般来说，边拣边分应大于1.5 m，按单拣货应大于0.8 m，以满足人员或拣货车的交汇通行需求，通道过窄容易出现拥堵现象。

（3）柱距。货架摆放需要规避柱子等障碍物，更不能遮挡或包围消防设施，影响消防设施的正常使用。合理规避障碍物可有效提高库容率以及提高作业效率。

（4）墙距。部分货物对防晒、防潮有要求，货架不能靠墙摆放，货架尾端与墙壁要保留间距，方便拣货通行。手提式拣货保留0.8 m以上宽度，而拣货车配货为1.5 m以上。

（5）单排长度。根据智慧仓库大小及拣货路径确定单排货架数量及长度，一般单排长度不超过10 m。每8～10个货架后设一宽度合适的主干道，宽度在1.5～2 m左右，主要目的为缩短拣货行走路径，进一步提高作业效率。

3. 智慧仓库的货位设计

（1）设计检货路径。货位设计的前提是优化拣货路径，一般采用仓库作业路程短、效率高的2S路线，可减少行走路程。尤其对于波次配货的客户，采用边拣选边分的配货方式，一个波次可一次性完成配货加分拣，大幅提高配货分拣效率。如图3-10所示。

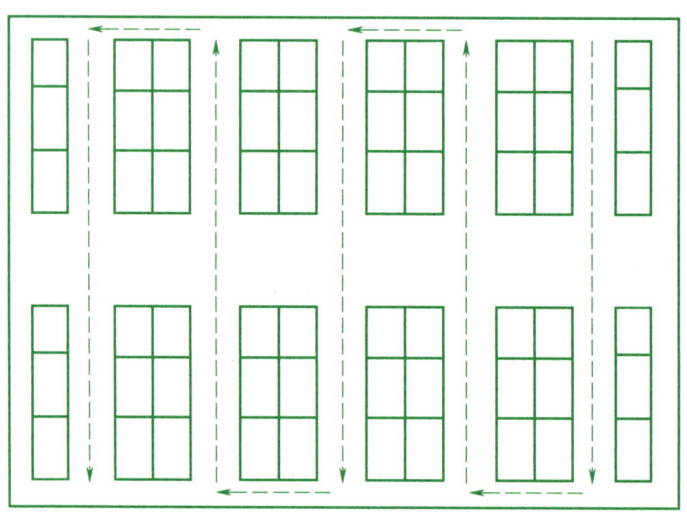

图3-10　2S路线

（2）智慧仓库货位编号

货位编号一般采用英文和数字结合编码，根据仓库存货方式不同，采用不同的编码方法。

① 地堆式存货编码。按库区号—通道号—托盘号三段式编码。例如："A-01~03"指A库区、第1个通道、第3个托盘，如表3-2所示。

表3-2　三段式编码

A	01	03
库区号	通道号	托盘号

② 货架式存货编码。按库区号—通道号—货架号—货架层—货架列五段式编码。例如："B-02-03-03-09"指B库区、第2通道、3号货架、第3层、第9个货位，如表3-3所示。

表3-3　五段式编码

B	02	03	03	09
库区号	通道号	货架号	货架层	货架列

货位编号

合理的货位编号规则可以让作业人员和机器人快速定位货物、货位。货位编号要适配拣货流程和路径，结合2S拣货路线，为减少行走路程，智慧仓库货架号编码顺序如图3-11所示。

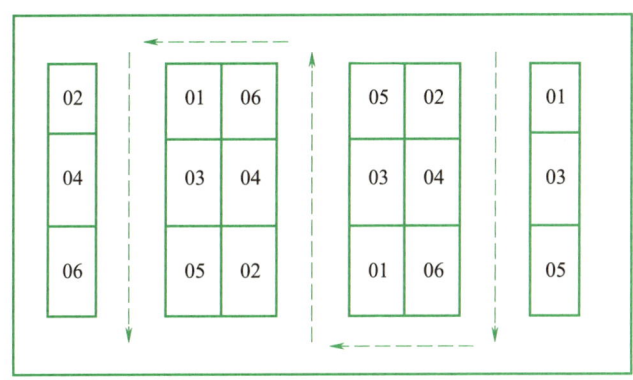

图3-11　智慧仓库货架号编码顺序

4. 货物上架原则

整个拣货区按ABC分类法分类，货物按热销、平销、滞销，从靠近到远离包装区排序、划分上架。单个货架分类按热销、平销、滞销的上中下原则，中间层数摆放热销货物，通过ABC分类法摆放货物，可有效减少拣货次数，进一步优化配货效率。

五、智慧仓库的发展规划

智慧仓库的发展涉及存储物资、仓库布局、管理方式、装备技术等复杂内容。因此，在布局智慧仓库时，企业应预先制定智慧仓库的发展规划，并逐步实现智慧仓库发展规划的最终目标。一般而言，智慧仓库的发展规划主要分为四个阶段。

（一）数据分析阶段

数据分析的目的是通过对历史数据、行业数据的充分分析，发现企业仓库管理的关键问题，形成数据分析结果及方案决策，从而确定智慧仓库发展规划的方向。数据分析的内容主要有8类，如表3-4所示。

表3-4　数据分析的内容

序号	数据内容	备注
1	物资基础信息	物资品名、尺寸等
2	物资包装	包装形式、包装容量等
3	堆垛层数	现有工装可堆垛层数
4	工艺信息	工序号、工序名称、单台定额等
5	工艺布局	车间工艺布局、厂区布局等
6	运输流程及信息技术（IT）需求	仓储、配送流程及IT架构等
7	是否为周边供应商直流	如周边供应商的准时生产（Just In Time，JIT）件
8	供应商信息	供应商名称、距离、供货比例等

（二）概念规划阶段

概念规划阶段的主要目标是制定智慧仓库的整体策略，并与供应商进行初步接洽。

（三）详细规划阶段

详细规划阶段的主要目标是根据概念规划确定智慧仓库发展规划的各项细节，并与供应商对接，确保各项设计能够实现。

（四）实施阶段

实施阶段将根据详细规划逐步进行智慧仓库的建设。在此阶段，应保证充分的技术指导和问题答疑，避免实施情况与规划不符。

智慧配送作业规划

智慧配送作业规划是指将需要配送的货物，按照配送距离、周转次数和运输方式等预估配送时间，根据配送时间和线路，按时、准确、完好地将货物配送到相应的代收点、客户或者消费者手中的过程。智慧配送作业规划能够对整个物流配送过程进行管理，通过智慧算法和大数据技术来分析、对比多条运输线路和运输方式的成本、时间、效率等，从而实现对货物配送路线的优化与调度，进一步提高物流配送的效率，使得消费者能够在更短的时间内收到货物，提升货物配送的精准性，有效降低物流配送成本。

一、智慧配送作业规划的基本内容

（一）确定地点、数量与配送任务

在配送作业中，地点、数量等因素与配送服务的水平有密切关系。地点是指配送的起点和终点。由于每一个地点需要配送的货物数量不同，周边环境、自身资源也不同，配送企业应有针对性地综合考虑车辆数量、地点的特征、距离、路线，将配送任务合理分配，并且逐步探索规律，使配送业务实现配送路线更短，所用车辆更少，总成本更低，服务水平更高。

（二）确定配送车辆数量

配送车辆数量会在很大程度上影响配送时效。拥有较多的配送车辆可以同时进行不同路线的配送，提高配送时效性；配送车辆数量不足，往往会造成往返装运，导致配送延迟。但是，数量庞大的车队会增加购置费用、养护费用、人工费用、管理费用等各项支出，如何能在客户指定的时间内将货物送达，与经济合理的配送车辆数量配置有十分密切的关系。

（三）确定配送车队构成以及车辆组合

配送车队一般应根据配送量、货物特征、配送路线和配送成本进行自有车辆与外来车辆的比例调整，可以适应客户需求变化，有效地调度自有车辆，降低运营成本。

（四）控制配送车辆最长行驶里程

在制订智慧配送作业的人员配置计划时，应尽量避免由于司机疲劳驾驶而造成的交通隐患，全面保证人员以及货物安全。通常可以通过核定行驶里程和行驶时间评估工作量，有效避免超负荷作业。

（五）确定配送车辆容积、载重限制

配送车辆需要根据车辆本身容积、载重限制来确定，并结合货物自身体积和质量考虑最大装载量，以有效利用车辆的有限空间，降低配送成本。

（六）确定配送区域网络结构

通常情况下，配送中心辐射范围为60千米，也就是说以配送中心所在地为圆点，半径60千米以内的配送地点，均属于配送中心服务范围。这些配送地点之间可以形成很多区域网络，所有的配送方案都应该满足这些区域网络内的各个配送地点和要求。

（七）确定配送时间范围

客户通常根据自身需要指定配送时间，这些特定的时间段往往在特定路段与上下班交通高峰期重合，因此在制定智慧配送作业规划时应对交通流量等影响因素予以充分考虑，或者与客户协商，尽量选择夜间配送、凌晨配送、假日配送等方式。

（八）与客户作业层面的衔接

智慧配送作业规划应该对客户作业层面有所考虑，如货物装卸搬运作业是否托盘标准化、一贯化，是否容器化，有无装卸搬运辅助设备，客户是否配合作业，是否提供随到随装条件，是否需要装卸搬运等候，以及停车地点距货物存放地点远近等。

（九）达到最佳目标

物流配送的最佳目标是指按"四最"准则，在客户指定的时间范围内，准确无误地按客户需求将货物送达指定地点。"四最"是指配送路线最短、所用车辆最少、作业总成本最低、服务水平最高。

二、制定智慧配送作业规划的步骤

制定高效的智慧配送作业规划不仅是为了满足客户的要求，而且能够对客户的各项业务起到有效的支撑作用，实现帮助客户创造利润的目标，也就是人们所说的发掘"第三利润源泉"，最终使客户和物流企业同时受益，实现双赢

的效果。

（一）确定智慧配送作业规划的目的

物流业务的运营是以满足客户需求为导向的，并且需要与企业自身拥有的资源、运作能力相匹配。但是，由于企业往往受到自身能力和资源的限制，在满足客户需求的多变性、复杂性方面有一定难度。这就要求企业在制定智慧配送作业规划时必须考虑制定配送作业规划的目的。例如，配送业务是为了满足短期时效性要求，还是长期稳定性要求；配送业务是服务于临时特定客户，还是服务于长期固定客户。

（二）收集相关配送数据资料

不了解客户需求，就无法满足客户需求。因此，收集、整理服务对象的相关配送数据资料是提高配送服务水平的关键。配送活动的主要标的物包括原材料、零部件、半成品、产成品等。就长期固定客户而言，对货物当年的需求量以及淡季和旺季的需求变化，销售规模的变化，配送中心的数量、规模、运输费用、仓储费用、管理费用等数据统计，是制定智慧配送作业规划时必不可少的第一手数据资料。例如，如果不了解客户淡旺季需求差异的变化，对于突然增加的配送任务，就无法积极有效地应对，必然会出现车辆调配紧张，不能及时送达目的地，甚至发生由于不能及时配送而导致客户流失等一系列严重问题。因此，对相关配送数据资料的收集并做相应的分析是制定智慧配送作业规划的关键。

（三）提前部署前置仓

通过大数据技术，可以分析出不同区域各种商品的关联度，了解哪些商品大概会在什么时候会被哪个区域的哪些人员采购。经过大数据分析和筛选，就可以提前在相应区域的管辖仓库做好前置仓的提前部署工作，提升最后配送环节的效率。

（四）可视化配送方案

客户订单数据、客户的具体信息数据、配送区域信息数据、配送仓库信息数据（前置仓信息数据）、实时交通状况信息数据等影响因素等都是在配送作业过程中利用大数据技术分析所关注的数据信息，对这些信息要素进行数据采集及算法挖掘分析后，就能形成一个结合电子地图的可视化的货物配送方案。

（五）与客户协调沟通

为客户制定可视化配送方案的主要目的就是要让客户了解在充分利用有限资源的前提下，企业所能达到的配送服务水平。因此，在制定了初步可视化配送方案之后，一定要与客户进行沟通，请客户充分参与发表意见，共同完善智慧配送作业规划。同时，应该让客户充分了解其现有的各项作业环节在未来操作时可能出现的各种变化情况，以免客户的期望与具体操作产生较大偏差。

（六）确定最终的智慧配送作业规划

在与客户多次协调沟通，初步可视化配送方案经过反复修改后，就可确定最终的智慧配送作业规划。已经确定的智慧配送作业规划应该成为配送合同中的重要组成部分，并应该让执行此智慧配送作业规划的双方或者多方人员全面了解，确保具体配送业务的顺利操作及配送服务质量。

三、智慧配送作业规划的实施

智慧配送作业规划的实施主要包括以下内容：

（一）下达智慧配送作业规划

智慧配送作业规划确定后，要将到货的品种、规格、数量分别通知客户和配送点，以便客户做好接货准备，配送点做好配送准备。

（二）按规划给配送点配货

各配送点按智慧配送作业规划核定库存货物的保有程度，若有缺货情况，应立即组织进货。同时，配送点各职能部门按照智慧配送作业规划进行配货、分货、包装、配装等工作。

（三）装车发运

各理货部门按规划将各客户所需要的各种货物进行配货后，将各客户的货物组合装车，发货车辆按指定线路送达客户，并通知财务结算。

四、智慧配送的发展趋势

配送由一般送货形态发展而来，通过现代物流技术和信息技术的应用来实现货物的集中储存、分拣、组配和运送。因此，建立高效的现代化智慧配送系统，必须以信息技术和自动化物流技术等先进技术为手段，以良好的交通设施为基础。同时，配送智慧化又必然推动物流新技术的应用和开发，促进科学技术的不断进步。

（一）智慧配送的集约化、协同化和集成化

通过JIT技术、资源配置技术、MRP技术等新技术的应用，可实现生产、仓储与销售的高度集成，实现了智慧配送的集约化、协同化和集成化，进而提高供应链的整体效率。

（二）智慧配送的多元化

随着我国在货物分销、公路运输、铁路运输、仓储、货运代理、邮递服务等领域的逐步开放，市场主体将出现多元化的局面。今后在相当长的一段时间内，我国物流市场将呈现国有、集体、个体、外资等各种所有制物流企业相互依存、同台竞争、相互促进的局面。

（三）智慧配送的共同化

目前，共同配送模式在发达国家被广泛使用。采用此模式主要是为了解决长途运输车辆跑空车和运费上升的问题，特别是当有两个以上的产地和销地相距较远且有交叉运输时，其优点尤为突出。采用共同配送，既能减少企业的物流设施投资，使物流配送设施布局合理化，又能充分合理地利用物流资源，还能促进质量管理的制度化。

（四）智慧配送的数字化和信息化

为适应智慧配送数字化和信息化的要求，条码技术、射频技术在配送作业中得到了广泛应用。采用标准的物流条码，通过自动化方式，可以迅速组合单元货物，使仓储、分拣、组配的速度大幅度提高。

（五）智慧配送的机械化和自动化

随着智慧配送中心规模的扩大和服务水平的提高，货物分拣作业已成为直接影响配送效率和配送服务水平的关键环节。在自动分拣系统中，货物通过自动存取系统（Automated Storage and Retrieval System，AS/RS），自动被输送到分拣系统，分拣系统自动区别货物种类，等待装车取走。用穿梭车和拣选机器人代替人工完成拣选工作，不仅提高了分拣作业效率，而且提高了分拣作业的准确率，为高效、快速、优质的配送服务提供了技术保证。

（六）智慧配送的绿色化

21世纪对配送提出了新要求，即绿色物流配送。绿色物流配送主要是对配送系统中产生的污染进行控制，即在智慧配送系统和智慧配送活动的规划与决策中尽量采用对环境影响较小的方案。

五、智慧配送中的"最后一公里"配送

"最后一公里"配送是指客户通过电子商务途径购物后，购买的产品被配送到配送点后，从一个分拣中心，使用一定的运输工具，将货物送到客户手中的门到门服务。配送的"最后一公里"并不是真正的一公里，而是指从物流分拣中心到客户手中的这一段距离，即通过运输工具，将货物送至客户手中的过程。由于属于短距离配送，常被称为"一公里配送"。这一短距离配送是整个物流环节的末端环节，也是唯一一个企业直接和客户面对面接触的环节，因此意义重大。

（一）"最后一公里"配送的意义

1. "最后一公里"配送服务是电商企业面对面接触客户的唯一方式

负责"最后一公里"配送服务的第三方物流能够完成产品或服务的品牌传播和货物售后服务等工作。对于客户个性化的需求，如以旧换新的上门服务，都是依靠"最后一公里"配送来实现的。客户满意度很大程度上取决于这个环节的质量和效率。

2. "最后一公里"配送服务可实现增值效益

配送服务中积累的数据，蕴含着丰富的客户资源，能够积累基于数据采集、信息管理中极有价值的东西，为前端市场预测提供有力的支撑。"最后一公里"配送使得整个物流活动由被动接受转向主动分析客户信息，挖掘出隐藏价值，为客户提供个性化服务。由于直接与客户接触，企业形象、价值文化等都能够通过"最后一公里"配送服务进行传播，达到增值效益。

总的来说，"最后一公里"配送意义重大，它不仅是电子商务企业发展的关键，也是对电商消费者极其重要的物流活动。只有做好"最后一公里"配送，电商企业才能真正快速发展，整个物流过程才可以称得上通畅，才能让客户满意。

（二）智慧配送中的"最后一公里"配送模式

传统配送中，"最后一公里"配送模式往往是送货上门。送货上门，即快递员将快递包裹直接送达客户手中并且由客户签收。配送的时间长短、配送方式，以及配送提前告知的时长都会对送货上门这一配送模式有显著影响。由于送货上门的次数取决于配送是否成功，故一次配送成功则是送货上门的理想状态，因此，有效的信息沟通传递是送货上门的关键。这一模式对客户来说十分方便，但配送时间受客户的时间安排限制。而智慧配送则给"最后一公里"配送提供了更多选择。

1. "最后一公里"+社区自提柜模式

倘若客户在当下无法取件，快递员可暂时将快递包裹放入自提柜中，并通过向客户发送短信取件码等方式告知客户包裹已到，待客户有时间便可自行从快递柜取走包裹，实现 24 小时自助化服务。它作为"最后一公里"的一种新兴快递包裹配送和取件模式，将线上购物和线下物流仓储有效结合，不仅缩短了快递员的投递时间，还减少了沟通环节，使配送效率有效提升。

2. "最后一公里" + 门店自提模式

与社区自提柜类似，门店自提模式也是针对快递员送货时间与客户收货时间有冲突的情况而设计的。自提柜前期投入的资金较多，而门店自提则是末端的物流企业与不同小区的商店建立合作，实现"最后一公里"的取件服务。快递公司安排业务量后，再由快递员进行门店投递，完成后通过电话或短信等方式告知客户。但这一模式的包裹安全性和权责区分都无法得到保障，因此客户的体验感和满意度均不高。

3. "最后一公里" + 无人车配送模式

无人车配送模式是实现"最后一公里"智慧配送的最新探索。它会根据目的地对配送路径进行规划，并在配送站点完成货物的装载，并通过大数据计算选出最优路线进行配送，在到达目的地后向客户致电或发送短信通知。尽管这一模式在普及推广配送过程中还存在一些现实问题，但它将会随着现代信息技术的发展成为今后末端物流配送的方案之一。

（三）智慧配送赋能"最后一公里"配送

1. 实现城市末端物流配送的智能化和便利化

大数据技术的应用可以实现智慧配送业务环节的大数据实时动态控制。合理运用互联网、大数据、云储存、GPS 等现代先进信息技术，不断提升"最后一公里"配送的末端物流智能化、科技化水平。将无人机、无人车、智能机器人应用于物流配送领域，使得配送资源得到更加合理的配置和组合，着力降低物流配送成本，减少配送时间，提高配送准确度和配送效率，做好"最后一公里"配送服务，提升客户收货体验。

2. 促进城市共同配送模式的建立

加快"最后一公里"的公共智能设施建设，不断完善末端物流共同配送网络。将细枝末节的物流节点安排妥当后，就要对智慧物流专用场地进行统一规划，先对智慧物流配送车辆的运输路径进行梳理，再对实施共同配送、公共配送的智慧物流企业进行相应的专项补贴和资金扶持，让城市共同配送模式日益完备。

同步测试

一、单选题

1. 出库和收库区域在仓库的不同方向是（　　　）动线。
   A. U形　　　　　　　　　　　　B. I形
   C. L形　　　　　　　　　　　　D. T形

2. 假设下图为A区货架布局图，某人面对图中○内货架（一个4层4列货架），请按照从左到右、从下到上的原则，下列选项中对"？"所在的货位进行编号正确的是（　　　）。

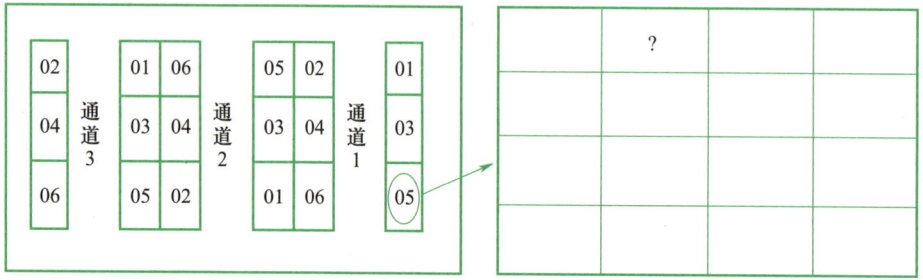

   A. A-05-04-02　　　　　　　　B. A-01-05-04-02
   C. B-05-04-02　　　　　　　　D. B-01-05-04-02

3. 一般来说，边拣边分时每排货架间距应大于（　　　），按单拣货时应大于（　　　），以满足人员或拣货车的交汇通行需求。
   A. 1 m，0.8 m　　　　　　　　B. 0.8 m，1.5 m
   C. 1.5 m，0.8 m　　　　　　　D. 1.5 m，1 m

4. 下列哪一项不属于智慧配送中"最后一公里"的配送模式。（　　　）
   A. "最后一公里"+送货上门模式
   B. "最后一公里"+社区自提柜模式
   C. "最后一公里"+门店自提模式
   D. "最后一公里"+无人机配送模式

5. （　　　）不属于仓库选址的原则。
   A. 协调性原则　　　　　　　　B. 面积适中原则
   C. 经济性原则　　　　　　　　D. 可持续发展原则

二、多选题

1. 下列属于智慧仓库规划的原则的是（　　　　　）。
   A. 总体规划原则
   B. 最小移动距离原则
   C. 利于提高仓储经济效益原则
   D. 安全性原则

2. （　　　　）属于仓库选址的内部因素
   A. 企业经营方针
   B. 货物装卸、堆放的方便程度
   C. 城市道路规划
   D. 劳动力状况

3. 仓库选址的方法有（　　　　　）。
   A. 专家选择法
   B. 本量利分析法
   C. 重心法
   D. 加权平均法

4. 下列属于智慧仓库的规划目标的是（　　　　　）。
   A. 高度智慧化
   B. 完全数字化
   C. 仓储信息化
   D. 仓储柔性化

5. 仓库规划布局的要求有（　　　　　）。
   A. 符合工艺
   B. 符合进出顺利的要求
   C. 满足安全要求
   D. 分类存放

三、判断题

1. 资源供应情况是仓库选址的内部影响因素。（　　　）

2. 智慧仓库一般包含收货区、储存区、办公区、拣选区、出库区、退换货处理区、作业设备存放区等功能区域。（　　　）

3. 常用物资仓可分为半成品仓和成品仓。（　　　）

4. 货位编号一般采用中文、英文和数字结合编码。（　　　）

5. 利用大数据技术可以提升配送效率。（　　　）

综合实训

仓库布局调研

一、实训目的

学生通过实地调研，能够正确运用所学的仓库布局知识画出仓储区总平面布局图。

二、实训步骤

1. 选择本地一家物流企业调研，参观该企业的仓储场地，记录仓库或货场的相对位置，如果是封闭式仓库，观察仓库内部布局，有哪些功能区域，记录货架和货位的编码方式，观察库内货架摆放是否遵循原则；如果是露天货场，记录货场有哪些功能区域、货物的存放位置。
2. 画出该企业仓储区总平面布局图。
3. 指出每个仓库或货场的货位编码方式。

三、实训要求

1. 将全班分成8组，每组5~6人，每组设组长一名。
2. 撰写调研报告，以小组为单位做PPT汇报。

四、实训成绩

每位学生的成绩由两部分组成：实地调研成绩（50%）和PPT总结汇报成绩（50%）。

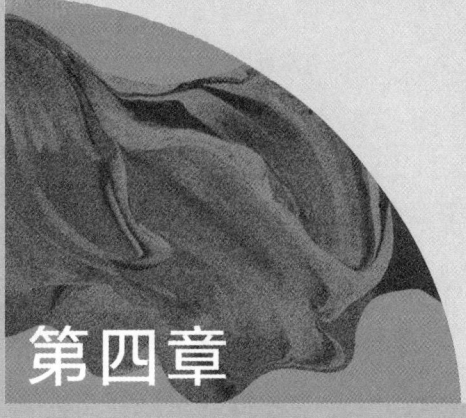

第四章

智慧仓储作业
流程

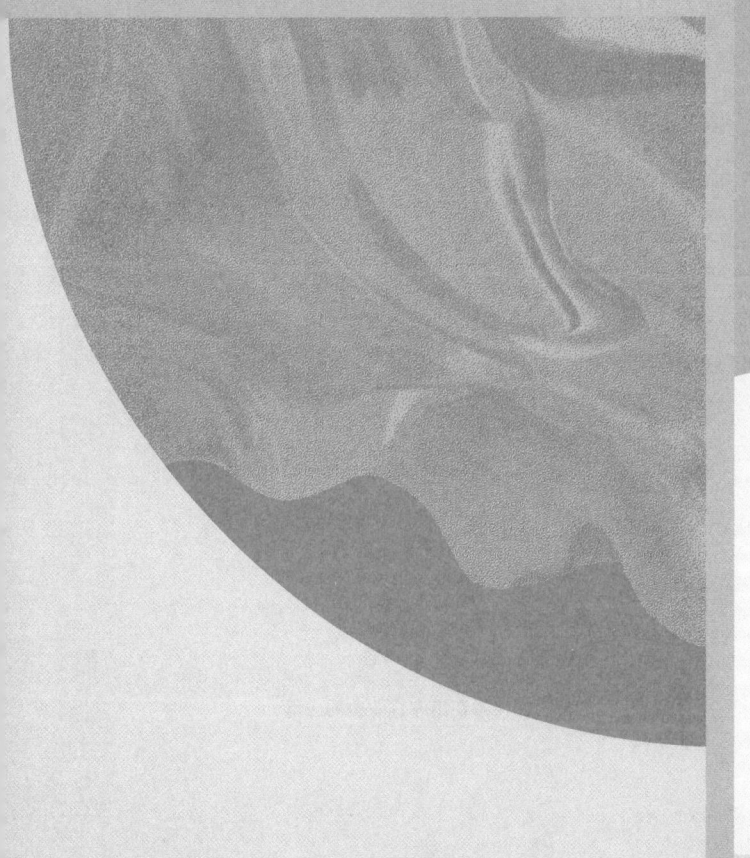

学习目标

//素养目标//
- 培养智慧仓储管理工作人员的忠诚意识
- 培养智慧仓储管理工作人员的团队合作精神
- 树立智慧仓储管理工作人员的责任意识和服务意识

//知识目标//
- 掌握智慧仓储作业流程中的基本作业程序
- 熟悉智慧仓储作业流程中的问题处理方法

//技能目标//
- 能够做好智慧仓储作业的准备工作
- 能够根据智慧仓储作业流程的基本标准进行作业

思维导图

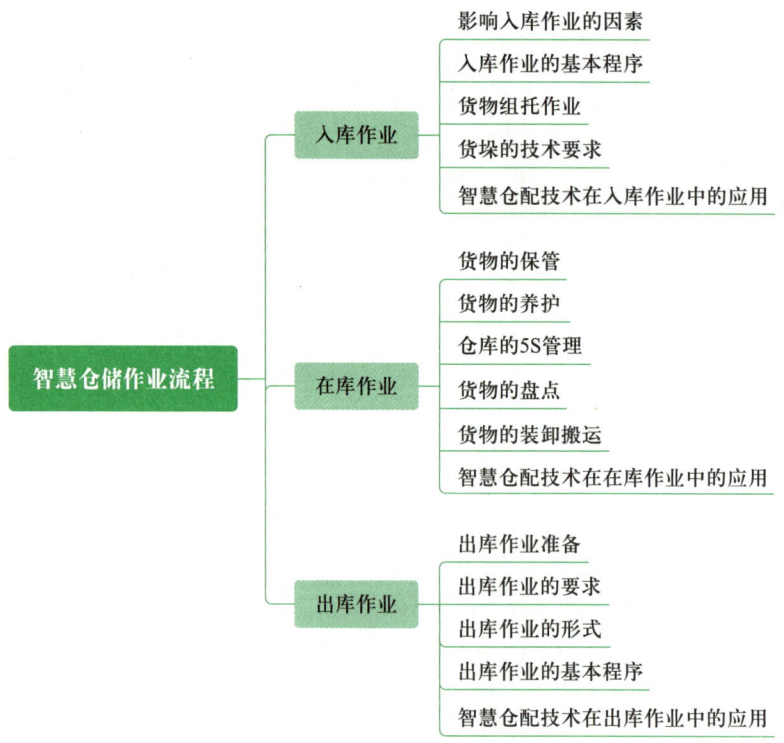

老板电器的智慧入库系统

老板电器在"从制造向创造"转型升级的过程中，不遗余力地对物流系统建设进行投入，建成了自己的智能仓储物流中心，为公司的进一步发展打下了稳固的物流基础。

该智能仓储物流中心的入库作业主要分为两大部分，一部分是基地内生产的货物入库；另一部分则是基地外（其他厂区）的货物入库。

基地内生产的货物在装配线上完成质量检测和包装后，直接通过输送线被送至自动码垛机器人作业站台进行码垛。智慧入库系统根据各条线的使用情况分配码垛站台，同时将货物与托盘进行关联。基地外由其他厂区生产的产品则直接以带托盘运输的方式被运送到基地，由叉车搬运至一楼入库作业区后根据系统上货指令将托盘货物放置在输送线上。

输送线旁设置的检测识读设备首先读取托盘条码，WMS进行信息核对并分配货位，WCS智能调度系统从多条路径中根据4台垂直提升机的任务量、优先级、繁忙度等为其规划最近的路线，最终货物通过指定的垂直提升机上到二楼准备进入自动化立体库，或者直接上到三楼进行拆零拣选作业并入库。

系统根据各台环形穿梭车的作业繁忙情况分配任务，环形穿梭车接到上架指令后，先运行至输送线末端装载已经码垛完毕的托盘货物，送至系统指定的自动化立体库上货口，巷道堆垛机再将货物送至指定货位。

在系统繁忙时，拆零分拣作业往往会提前完成以保证出货效率。即三楼拆零作业区（或者在智能码垛机器人码垛时）按照订单提前将货物按一层堆放（如吸油烟机一般堆放两层，每层4台或者6台）或按照订单组组盘，再将其缓存至自动化立体库，卡车到位之后直接从自动化立体库出货装车。

在系统作业量不大时，则待订单汇总后再进行拣货作业，整托盘货物从自动化立体库出库，零散货物从三楼或者四楼直接出货到一楼。例如，某电商平台需要20台产品，则先从自动化立体库找到堆放12台产品（双层）的托盘和6台产品的托盘（单层）出库，再从四楼出2个产品。

事实上，由于客户通常会以托盘货物数的倍数要货，而自动化立体库效率非常高，因此该智能仓储物流基地的拆零分拣作业量非常小。

【引例分析】
智能仓储物流中心的入库效率得到了飞速的提高，并产生了多重效应，这样使得该物流中心自动化立体库效率非常高以及拆零分拣作业量非常小。仓储企业为了提升效率和增加经济效益，应进一步提升仓储作业的智能化水平。

入库作业

仓储作业是指以存储、保管活动为中心，从仓库接收货物入库开始，到按需要把货物全部完好地发送出去的全过程。仓储作业过程主要由入库、在库、出库三个阶段组成。按其作业顺序，还可以细分为接车、卸车、检验、交接入库、保管保养、拣出与集中、装车、发运等作业环节。各个作业环节既相互联系，又相互制约。仓储作业的目标是实现仓储活动的"多、快、好、省"，即多储存、快进快出、保管好和费用省。

入库作业是指仓储部门按照存货方的要求合理组织人力、物力等资源，按照入库作业程序，认真履行入库作业各环节的职责，及时完成入库任务的工作过程。

入库作业是仓储工作的第一步，标志着仓储工作的正式开始。入库作业的水平直接影响着整个仓储作业的效率与效益。货物入库的基本要求是：保证入库货物数量准确，质量符合要求，包装完好无损，手续完备清楚，入库迅速。

一、影响入库作业的因素

影响入库
作业的因
素

在进行入库作业组织时，必须搞清楚影响入库作业的主要因素，并对这些因素进行分析。这些因素主要包括货物供应商及货物运输方式，货物种类、特性与数量，以及入库作业组织的管理情况等方面。

（一）货物供应商及货物运输方式

仓储企业所涉及的供应商数量、供应商的送货方式、送货时间等因素将直接影响入库作业的组织和计划。因此，在设计入库作业时，主要应掌握以下五方面的数据：

（1）每天的供货商数量（平均数量及高峰数量）。

（2）送货的车型及车辆台数。

（3）每台车的平均卸货时间。

（4）货物到达的高峰时间。

（5）中转运输接运方式。

（二）货物种类、特性与数量

不同种类的货物具有不同的特性，因此需要不同的作业方式与之配合。另外，到货数量的大小也会对组织入库作业产生直接影响，在进行入库作业分析时，应重点掌握以下内容：

（1）每天平均的到货物种数和最多的到货物种数。

（2）货物单元的体积及重量。

（3）货物的包装形态。

（4）货物的保存期限。

（5）货物的特性（是一般性货物还是危险性货物）。

（6）装卸及搬运方式。

（三）入库作业组织的管理情况

企业应根据入库作业组织的要求合理设计作业岗位，确定各岗位所需要的设备器材种类及数量；根据作业量大小合理确定各岗位的人员数量。另外，各岗位必须安排合适的人选。整个组织管理活动应以作业内容为中心，充分考虑各环节的衔接与配套问题，合理设计基本作业流程，与此同时，还要考虑与后续作业的配合方式。

二、入库作业的基本程序

（一）入库作业流程

入库作业是指仓储部门按照存货方的要求合理组织人力、物力等资源，按照入库作业程序，认真履行入库作业各环节的职责，及时完成入库任务的工作过程。入库工作质量直接影响货物的储存保管以及出库业务等工作的顺利进行。入库作业的基本流程如图4-1所示。

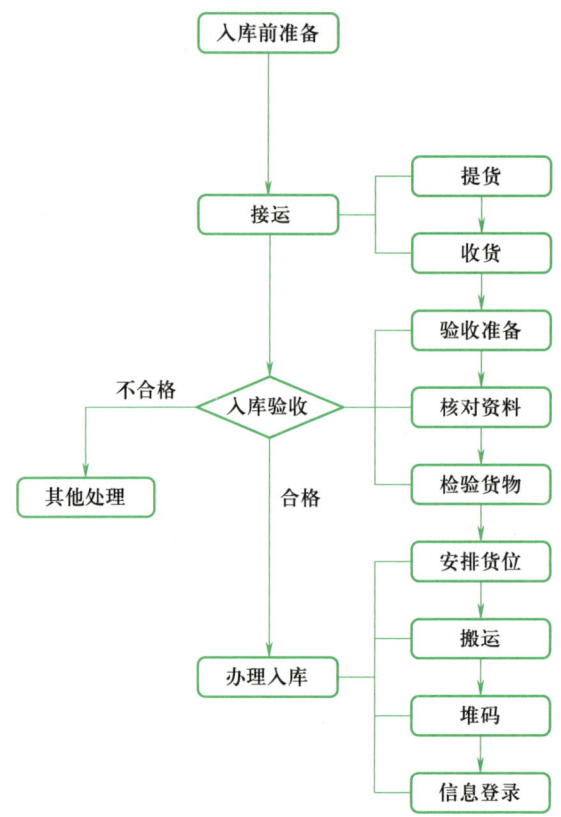

图4-1　入库作业的基本流程

（二）入库通知单

入库通知单是指存货人给仓库的一种客户委托单据，即存货人向仓储企业提出的书面形式的入库申请。货主或货主委托方为下达入库任务，根据仓储协议，在一批货物由司机送达仓库前将入库通知单下达给仓库，起到预告入库信息的作用。入库通知单的内容一般应包括仓库名称、日期、采购订单号、客户名称、货物编号、货物名称、货物规格、申请数量等信息。如表4-1所示。

表4-1　入库通知单

仓库名称：南京国际物流港1号　　　　　　　　　　　　　　日期：2024年8月1日

采购订单号		202408010010	
客户指令号	202408010010	订单来源	QQ
客户名称	溧水汽车配件有限公司	质量	正品
入库方式	送货	入库类型	正常

序号	货物编号	货物名称	单位	货物规格	申请数量	实收数量	备注
1							
2							
3							
4							
合计							

制单人：　　　　　　　送货人：　　　　　　　仓管员：

（三）入库申请流程

入库申请是指存货人对仓储服务产生需求，并向仓储企业发出的需求通知。客户入库申请的来源形式多种多样，可能来自电话、电子邮件，也可能是传真或者对接的物流信息系统等。

当仓储企业业务部门收到存货人的入库通知单后，要对此业务进行分析评估。分析评估的内容包括到货日期、货物属性、包装、数量、存储时间及本企业的接卸货能力、存储空间、温湿度控制能力等。分析评估后，如果认为此业务本企业难以承担，业务部门可作出合理解释，并与存货人就存在的问题进行协商，如协商难以达成一致，则可以拒绝此项业务；如果分析评估后认为此业务完全符合本企业的业务范畴，则业务部门可根据入库通知单制订入库计划，并将其分别发给存货人和本企业仓库部门。发给存货人的入库计划作为存货人入库申请的确认，发给本企业仓库部门的入库计划作为生产计划，仓库部门依此计划进行入库准备。入库申请流程如图4-2所示。

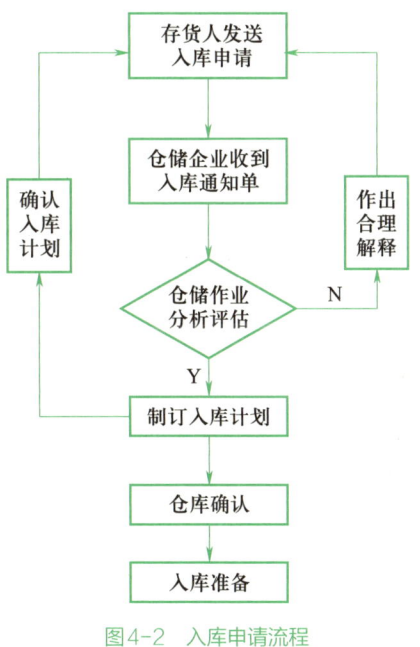

图4-2　入库申请流程

（四）入库管理

入库管理是生产管理的重要组成部分，也是仓库管理的一个重要环节。做好入库管理工作，对于降低生产成本有重要作用。

1. 入库准备

接到相关部门发送的收货通知后，仓库应立即做好接货的准备工作。比如，了解库存货物的情况，掌握货物的品种、类别、数量及到库时间，然后据此准确安排入库的各项准备工作。

（1）了解所接货物。仓库在接到收货通知并确认其有效无误后，需要在货物到达之前主动与采购部门或供货商联系，了解货物入库应具备的凭证及相关技术资料。比如，货物的性质、特点、保存方法和有关注意事项等，尤其是新货物或不熟悉的货物入库时要特别注意这些问题。

（2）规划存放位置。仓库在货物送达之前，应预先根据货物的性质、数量等信息，为货物安排好恰当的存放位置。

（3）准备装卸搬运工具。需要根据仓库及存放货物的具体情况，选择恰当的工具对货物进行装卸搬运，从而达到缩短装卸搬运时间、提高仓库作业效率、降低企业成本的目的。

（4）准备验收工具。为了保证入库作业的顺利进行，仓库应根据入库货物验收的内容和方法，以及货物的包装体积、质量，准备齐全各种点验货物的称量器具、卡量工具和检测仪器、仪表、测试机具等验收用具，并做到事先检查，保证其准确有效。

（5）安排接货人员。在收到接货通知单时，仓库应根据货物进出库的数量和时间，做好收货、搬运、堆码等人员的工作安排。采用机械操作接货时，仓库需要定人、定机，仓库应事先安排好作业顺序。

2. 入库接运

入库接运是入库业务流程的第一道作业环节，也是仓库与外部发生的经济联系。它的主要任务是及时准确地从运输部门收取入库货物，要求手续清楚，责任分明，为仓库验收工作创造有利条件。

做好货物入库接运业务管理的主要意义在于防止把在运输过程中或运输之前已经发生的货物损害和各种差错带入仓库，减少或避免经济损失，为验收或保管、保养货物创造良好的条件。

下面介绍不同货物入库接运方式应注意的事项。

（1）车站、码头接货。提货人员对所提取货物应了解其名称、型号、特性和一般保管知识，以及装卸搬运注意事项等。在提货前应做好接运货物准备工作。例如，装卸运输工具，腾出存放商品的场地等。提货人员在到货前，应主动了解到货时间和交货情况，根据到货多少组织装卸人员、机具和车辆，按时前往车站、码头提货。

提货时应根据运单以及有关资料详细核对名称、规格及数量，并要注意货物外观，查看包装、封存是否完好，有无破损、受潮、水渍等异常情况。若有疑点或不符，应当场要求运输部门检查。对短缺、损坏情况，凡属运输部门责任的，应做出商务记录，属于其他方面责任的，需要承运人证明并做出相应记录，由承运人签字。注意记录事项和实际情况要相符。

在从车站、码头运输至仓库的过程中，要做到不混不乱，避免碰坏损失。危险品应按照危险品搬运规定办理。

（2）专用线接货。接到专用线的到货通知后，应立即确定卸货货位，力求缩短搬运距离；组织好卸车所需要的机械、人员以及有关资料，做好卸车准备。

车皮到达后，引导对位，进行检查。查看车皮封闭情况是否良好（即卡车、车窗、铅封、苫布等有无异状）；根据运单和有关资料核对到货物名称、规格、标志和清点件数，检查包装是否损坏或有无散包；检查是否有进水、受潮或其他损坏现象。在检查中如发现异常情况，应请相关部门派人员复查，做出普通或特殊记录。记录内容与实际内容相符，以便减少交涉。

卸车时要注意为货物验收和入库保管提供便利条件，分清车号、名称和规格，不混不乱。既要保证包装完好，不碰坏、不碰伤，又不得自行打开包装。应根据货物的性质合理堆放，避免混淆。卸车后应在货物上标明车号和卸车日期。

卸车完毕后编制卸车记录。记明卸车货位规格、数量，连同有关证件和资料，尽快向保管员交代清楚，办好内部交接手续。

（3）仓库自行接货。仓库接受货主委托直接到供货单位提货时，应将这种接货与货主出货验收工作结合起来进行。仓库应根据入库通知单，了解所提供货物的性能、规格、数量，准备好提货所需的机械、工具、人员，配备保管员在供方当场检验质量、清点数量，并做好验收记录，接货与验收合并一次完成。

（4）仓库内接货。存货单位或供货单位将货物直接运送到仓库储存时，应由保管员或验收人员直接与送货人员办理交接手续，当面验收并做好记录。若有差错，应填写记录，并由送货人员签字证明，据此向有关部门提出索赔。

3. 入库验收

入库验收的流程为核对凭证、初步检查验收、办理交接手续，以及货物验收。

（1）核对凭证。货物到库后，仓库收货人员先要检查货物的入库凭证，然后将入库凭证开列的收货单位和货物名称与送交的货物内容及标记进行核对。如核对无误，再进行下一道工序。

（2）初步检查验收。初步检查验收主要是指对到货情况进行的初步检查，其工作内容主要包括数量检查和包装检查。数量检查的方法有两种：一是逐件点数计总，二是集中堆码点数。无论采用哪种方法，都必须做到精确无误。在数量检查的同时，仔细查看每件货物的包装，查看包装有无破损、水湿、渗漏、污染等异常情况。出现异常情况时，可在被允许的情况下打开包装详细检查，查看内部商品有无短缺、破损或变质等情况。

（3）办理交接手续。入库货物经过以上两道工序之后，就可以与送货人员办理交接手续。如果在以上工序中无异常情况出现，收货人员就可以在送货回单上盖章表示货物收讫。如发现异常情况，必须在送货单上详细注明并由进货人员签字，或由送货人员出具差错、异常情况记录等书面材料，以此作为事后处理的依据。

（4）货物验收。在办完货物交接手续后，仓库对入库的货物还要做进一步的验收工作。对货物验收的基本要求是及时、准确，即要求在规定的时间内，准确地对货物的数量、质量、包装进行细致的验收工作，这是确保储存货物准确无误和货物质量的重要措施。

如果仓库或业务检验部门在规定的时间内没有提出货物残损、短少以及质量不合格等问题时，存货方会认为所供应的货物数量、质量均符合合同要求，双方责任已清，不再负责赔偿损失。因此，仓储企业必须在规定的时间内，准确无误地完成验收工作，对入库货物数量、质量等情况进行确认。

4. 入库信息处理，办理货物入库手续

经验收确认后的货物，应及时填写验收记录表，并将有关入库信息及时准确地录到入库管理信息系统中，更新库存货物的有关数据。货物信息处理的目的在于为后续作业提供管理和控制的依据。因此，对入库信息的处理必须及时、准确、全面。货物的入库信息通常包括以下内容：

（1）货物的一般信息。如货物名称、规格、型号；包装单位、包装尺寸、包装容器及单位重量等。

（2）货物的原始条码、内部编码、进货入库单据号码。

（3）货物的储位指派。

（4）货物入库数量、入库时间、生产日期、质量状况、货物单价等。

（5）供货商信息，包括供货商名称、编号、合同号等。

（6）入库单据的生成与打印。

入库信息处理完毕后，按照打印出的入库单据按入库程序办理入库具体业务。与此同时，将货物入库单据的其余各联，迅速反馈到业务部门，以此作为正式的库存凭证。

三、货物组托作业

（一）货物组托的概念

货物组托是指为了提高托盘利用率和仓库空间利用率并方便库内货物的装卸搬运，以托盘为载体把单件货物单元化的过程。

（二）货物组托的要求

货物组托有以下要求：

（1）堆码整齐。

（2）不同货物品种不混堆，不同规格型号不混堆，不同生产厂商不混堆，不同批号不混堆。

（3）堆码合理、牢固，要求奇偶压缝、旋转交错、缺口留中、整齐牢固。

（4）不能超出货架规定的高度。

（5）货物包装物边缘不允许超出托盘边缘20 mm。

（6）货物不允许出现货物倒置情况。

（三）货物组托的方式

在仓储作业中，既可进行同一规格货物的单品组托，也可进行不同规格货物的多品组托。单品组托比较容易做到整齐、美观、牢固，但较难实现托盘利用率最大化；多品组托由于存在不同规格的包装物组合码放，托盘的空间利用率较容易实现最大化，但难以做到整齐、美观、牢固，而且需要给予适当合理的加固。

在实践中，单品组托的方式更为常用，因此本节重点介绍单品组托。常用的单品组托方式有以下三种。

1. 重叠式

重叠式是指各层码放方式相同，上下对应，层与层之间不交错堆码的组托方式，如图4-3所示。

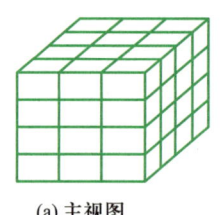 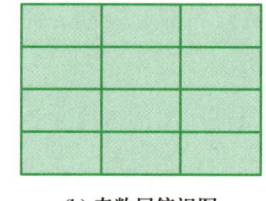 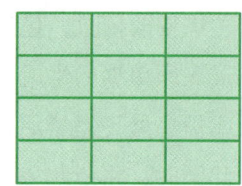

(a) 主视图 (b) 奇数层俯视图 (c) 偶数层俯视图

图4-3　重叠式示意图

重叠式单品组托的优点是操作简单，工人操作速度较快，适用于自动化码盘，包装物四个角和边重叠垂直，承压能力大；缺点是层与层之间缺少咬合，稳定性较差，容易发生塌垛。

2. 正反交错式

正反交错式是指同一层中不同列货物以90°垂直码放，相邻两层货物码放形式旋转180°的组托方式，如图4-4所示。

正反交错式的优点是不同层之间咬合强度较高，相邻层次之间不重缝，稳定性较高；缺点是操作较麻烦，人工操作速度较慢。

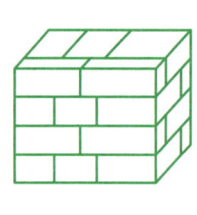 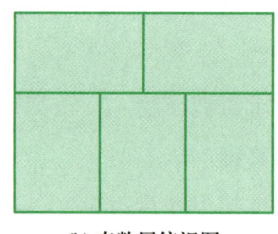 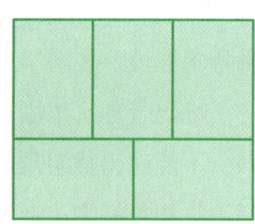

(a) 主视图 (b) 奇数层俯视图 (c) 偶数层俯视图

图4-4　正反交错式

3. 旋转交错式

旋转交错式，又称中心留孔堆码，是指每层货物间的堆码总体上呈风车形，而层间货物相互咬合交叉的组托方式，如图4-5所示。

旋转交错式的优点是相邻两层之间咬合交叉，托盘货物稳定性较高，不容易塌垛；缺点是堆码难度大，中间形成空穴，降低了托盘的利用效率。

 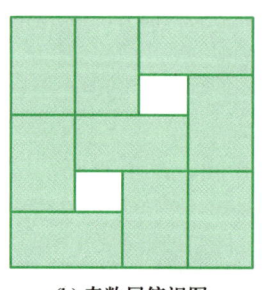 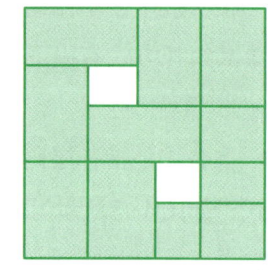

(a) 主视图 (b) 奇数层俯视图 (c) 偶数层俯视图

图4-5　旋转交错式

（四）货物组托加固的方法

为了保证托盘上的货物在装卸搬运和储存过程中不散落，需要对组合码放好的托盘进行加固处理。最常用的加固处理方法是用拉伸膜加固和包装带加固，或者选择柱式托盘和箱式托盘。

（五）托盘与液压车、叉车、货架的配合使用

托盘与液压车、叉车、货架配合使用时，应注意以下问题：

（1）液压车和叉车在使用托盘的过程中，叉齿之间的距离应尽量放宽至托盘的进叉口边缘，进叉深度应大于整个托盘深度的2/3。

（2）液压车和叉车在使用托盘运动的过程中，应保持匀速度进退和上下，避免由于急刹、急转而造成托盘受损、货物倒塌。

（3）托盘上货架时，应保持托盘在货架横梁上平稳放置，托盘长度应大于货架横梁外径50 mm以上。

（六）货物组托方案设计

货物组托方案设计包括以下六个步骤。

1. 确定码放规则

托盘每层最多码放箱数计算公式如下：

托盘每层最多码放箱数＝托盘面积/货物底面积

以托盘面积计算出的每层最多码放箱数作为参考，实际每层最多码放数量要根据货物组托要求和组托方式来决定。在实际操作中应实现托盘利用率最大化，并尽量做到奇偶层间压缝，使其整齐、牢固、美观。

2. 确定码放层数

码放层数计算公式如下：

码放层数＝（货架每层高度－货架横梁高度－托盘厚度－叉车上架作业空间）/货物外包装高度（取值为小于该计算结果的最大整数）

通常，叉车上架时的作业空间≥90 mm。

3. 每托最多码放数量

每托最多码放数量计算公式如下：

每托最多码放数量＝（货位承重－托盘重量）/单体毛重（取值为小于该计算结果的最大整数）

4. 确定所需托盘数量

所需托盘数量计算公式如下：

某批货物所需托盘数量＝货物总量/单位托盘码放数量（取值为大于该计

算结果的最小整数）

5. 绘制组托示意图

用文档工具或专业绘图工具绘制示意图，对托盘尺寸和货物尺寸应按比例绘制，并在图中标识。

6. 为示意图配上合适的文字说明

用文字说明每种货物所需托盘的个数和每个托盘的堆码层数。

四、货垛的技术要求

货垛是指按一定要求将货物堆码所形成的货物单元，在将货物堆码成货垛时，应注意货垛高度、底层排列和占地面积、垛形，以及货垛的"五距"等技术要求。

（一）货垛高度

货垛高度会直接影响仓库的容量、安全及货垛的稳定性。普通货物的垛高主要取决于货物的性质与包装；轻泡货物的垛高主要受仓库高度的影响；重货的垛高受仓库地坪载荷的影响。在确定垛高时，要综合考虑仓库的高度、仓库地坪设计载荷及货物自身特性和包装对货垛高度的要求。确定货垛高度的公式如下：

$$H = \min\{H_{地坪}, H_{货高}, H_{库高}\}$$

式中：H 为货垛高度；$H_{地坪}$ 为地坪载荷允许货垛高度；$H_{货高}$ 为货物包装允许货垛高度；$H_{库高}$ 为仓库空间允许货垛高度。

实际货垛的最大高度 H 由 $H_{地坪}$、$H_{货高}$、$H_{库高}$ 三个指标共同确定，只有选用三者中的最小值，才能在保证库场地坪安全及货物不被压坏的前提下实现仓库空间利用最大化。

对于形状一致的箱装货物，其可堆码层数的确定方法如下：

1. 地坪载荷允许货垛高度（单位：层）的确定

如果以一件货物来计算，则：

$$H_{地坪} = 仓库地坪每平方米核定载重量 / 单位面积货物重量$$

式中，单位面积货物重量＝每件货物的毛重／货物的底面积。

如果以整垛货物来计算，则：

$$H_{地坪} = 整垛货物实占面积 \times 仓库地坪每平方米核定载重量 / （每层货物件数 \times 每件货物毛重）$$

2. 仓库空间允许货垛高度（单位：层）的确定

$$H_{库高} = 仓库可用高度 / 每件货物的高度$$

（二）底层排列和占地面积

1. 底层排列

计算出货垛高度后进行货垛底层排列。底层排列主要是指进行底层货物数量的计算。对于规格整齐、形状一致的箱装货物，可在确定出货物的堆码层数之后再确定底层货物的数量，最后确定货垛底层的排列方式。在进行货物堆码时，底层货物的数量可由下式初步计算：

$$底层货物数量 = 该批货物总件数 / 可堆层数$$

2. 占地面积

（1）如果箱装规格整齐划一，计件的货物占地面积的计算公式为：

$$占地面积 = 总件数 / 总层数 \times 每件货物的底面积$$

（2）计重货物占地面积的计算公式为：

$$占地面积 = 总重量 \times 每件货物的底面积 / （总层数 \times 每件货物毛重）$$

（三）垛形

垛形是指货垛的外部轮廓形状，一般按货垛的立面形状可分为矩形货垛、三角形货垛、梯形货垛、半圆形货垛等。

1. 矩形货垛

矩形货垛又称平台垛，即先在底层以同一个方向平铺摆放一层货物，然后垂直继续向上堆积，每层货物的件数、方向相同，垛顶呈平面，垛形呈长方体（如图4-6所示）。实际操作时从一端开始，逐步后移。矩形货垛适用于同一包装规格整份批量货物，如包装规则、能够垂直叠放的方形箱装货物，以及大袋货物、规则的成组货物、托盘成组货物等。

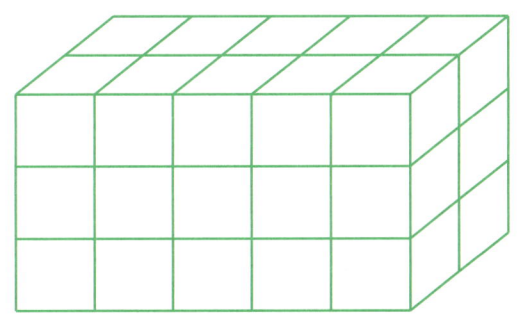

图4-6 矩形货垛

矩形货垛具有整齐、便于清点、占地面积小、方便堆垛操作的优点。但矩形货垛的稳定性较差，特别是硬包装、小包装货物有货垛端头倒塌的风险，所以必要时（如货垛太高、长期堆存、端头位于主要通道等情况）要在两端采取一定的加固措施。对于堆放很高的轻质货物，往往在堆码到一定高度后，向内收半件货物的空间后再向上堆码，从而使货垛更加稳固。

2. 三角形货垛

三角形货垛又称起脊垛，即先按矩形货垛的方法码垛到一定的高度后，再以卡缝的方式将每层逐渐缩小，最后使顶部形成屋脊形（如图4-7所示）。三角形货垛是堆场场地堆货的主要垛形，货垛表面的防雨遮盖从中间起向下倾斜，方便排泄雨水，防止水湿货物。三角形货垛由于顶部压缝缩小以及形状不规则，会使得清点货物不便。另外，由于起脊的高度使货垛中间的压力大于两边，因此采用三角形货垛时，库场使用定额要以脊顶的高度来确定，以避免中间部分底层的货物或库场被压坏。

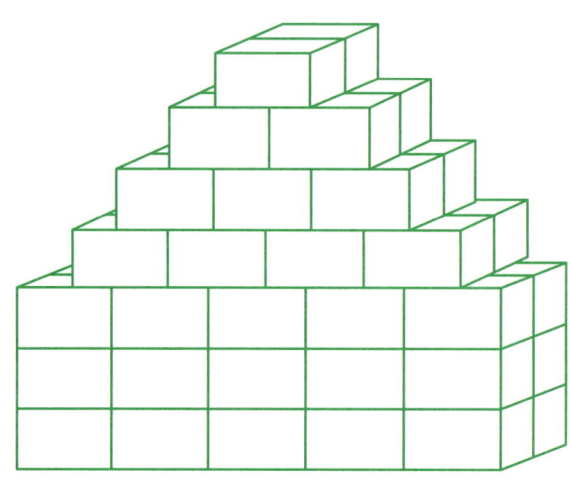

图4-7 三角形货垛

3. 梯形货垛

梯形货垛又称立体梯形货垛，即在最底层以同一方向排放货物的基础上向上逐层同方向减数压缝堆码，垛顶呈平面，整个货垛呈下大上小的立体梯形状（如图4-8所示）。梯形货垛适用于包装松软的袋装货物和上层面非平面而无法垂直叠码货物的堆码，如横放的卷形、桶装、捆包货物。梯形货垛极为稳固，可以堆放得较高，充分增加仓容利用率。

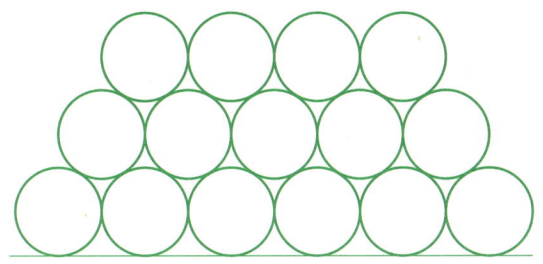

图4-8 梯形货垛

为了增加梯形货垛的空间利用率，在堆放可以立直的筐装、矮桶装货物时，底部数层可以采用矩形货垛的方式堆放，在码放到一定高度后再使用梯形货垛。

（四）货垛的"五距"

货物堆码成货垛时要确保"五距"的要求，"五距"即墙距、柱距、顶距、灯距和垛距。堆码时，不能倚墙，不能靠柱，不能碰顶，不能贴灯，不能紧挨旁边的货垛，必须留有一定的间距。货垛"五距"的确定要严格遵守《中华人民共和国消防法》《危险化学品安全管理条例》的要求，不得随意修改。

1. 墙距

为了防止库房墙壁和货场围墙附近湿度对货物产生影响，也为了方便开窗通风、消防工作、建筑安全、收发作业，货垛与库房墙壁之间必须留有墙距。墙距分为库房墙距和货场墙距。其中，库房墙距又分为内墙距和外墙距。内墙距是指货物离没有窗户的墙体的距离，靠近内墙的地方湿度相对较低；外墙距则是指货物离有窗户的墙体的距离，靠近外墙的地方湿度相对较高。库房的外墙距不小于0.5 m，内墙距不小于0.3 m；货场只有外墙距，一般为0.8~3 m。

2. 柱距

柱距是指货物堆放与仓库中的立柱之间的距离。为了防止库房立柱附近湿度过大影响货物，也为了保护仓库建筑物的安全，必须留有柱距，一般为0.2~0.3 m。

3. 顶距

顶距是指货垛堆放的最大高度与库房、货棚屋顶之间的距离。保持合理的顶距便于搬运作业，能通风散热，并有利于消防工作及货物收发、查点。平房仓库顶距一般不小于0.3 m；人字形库房以屋架下弦底为货垛的可堆高度，即垛顶不可以触梁；多层库房底层与中层的顶距不小于0.3 m，顶层须大于或等于0.5 m。

4. 灯距

灯距是指货垛与照明灯之间的必要距离。为了确保储存货物的安全，防止照明灯发出的热量引起附近货物燃烧而发生火灾，货垛与照明灯之间必须留有灯距。灯距应严格按规定设置为不小于0.5 m。

5. 垛距

垛距是指货垛与货垛之间的必要距离，实践中常以支道作为垛距。垛距能方便存取作业，起通风、散热的作用，方便消防工作。库房垛距一般不小于0.5 m，货场垛距一般不少于1.5 m。

库房中货垛的"五距"如图4-9所示。

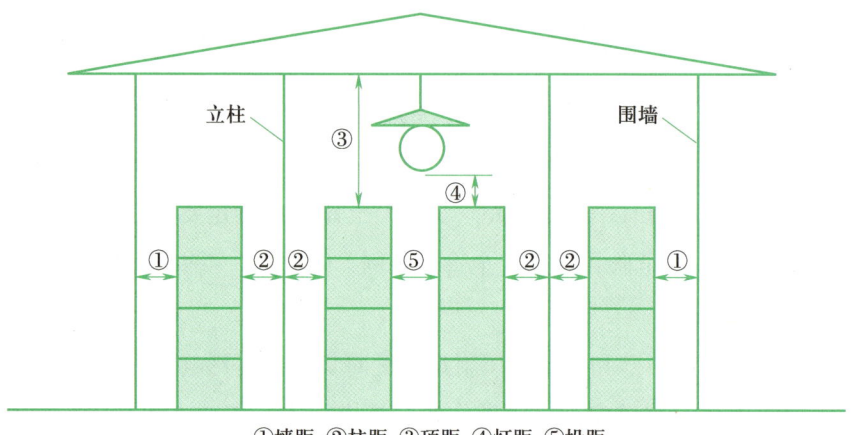

①墙距 ②柱距 ③顶距 ④灯距 ⑤垛距

图4-9　库房中货垛的"五距"

五、智慧仓配技术在入库作业中的应用

（一）RFID技术在入库作业中的应用

由于二维码出入库管理方式仅能针对单个机具进行扫描出入库管理，在效率上往往大打折扣。而基于RFID的无线通信技术，可对机具进行微型芯片（RFID电子标签）的嵌入或张贴，并将机具的基础信息台账批量写入RFID电子标签。通过射频技术感应识别，读取解析机具的详细信息，实现机具的批量出入库管理。对于流转频率高、不易损毁的机具宜实行RFID电子标签方式进行管理。

1. 货物RFID电子标签贴标登记

货物入库前，应对新购置的货物进行贴标的操作，使其配备RFID电子标签。RFID电子标签的唯一ID号或用户写入的数据可作为货物的标识码，用于记录货物名称、购入时间、所属仓库、货物属性等信息。当安装在各个通道的读写器识别到电子标签时，便可自动获取货物的所有信息。货物RFID电子标签贴标登记流程如图4-10所示。

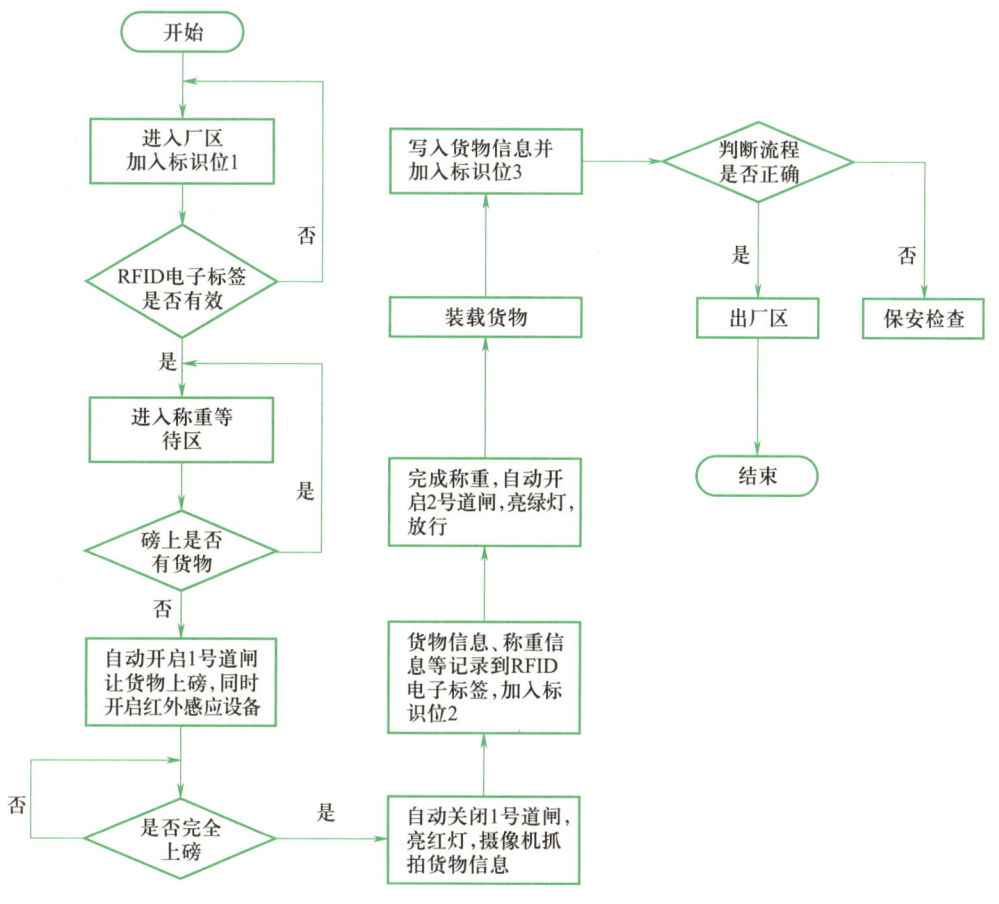

图4-10 货物RFID电子标签贴标登记流程

2. 利用RFID技术进行入库管理

首先，对需要入库的货物信息在系统上先安排库位，如货物属于哪类，需要放置在哪个仓库、哪个货架。其次，将所有已贴有RFID电子标签的货物放到待入库区，并将其从出入通道运入仓库内；当经过通道时，多通道读写器会自动识别RFID电子标签信息，如图4-11所示。若读写器识别的标签信息及数量正确则入库，若读写器识别的标签信息显示错误或数量缺少时，系统进行提示。最后，在入库时系统将自动更新货物信息（日期、材料、类别、数量等），并形成入库单明细，操作人员根据标签信息和系统提示准确将货物存放到相应的仓库区域中。货物入库的示意图如图4-12所示。

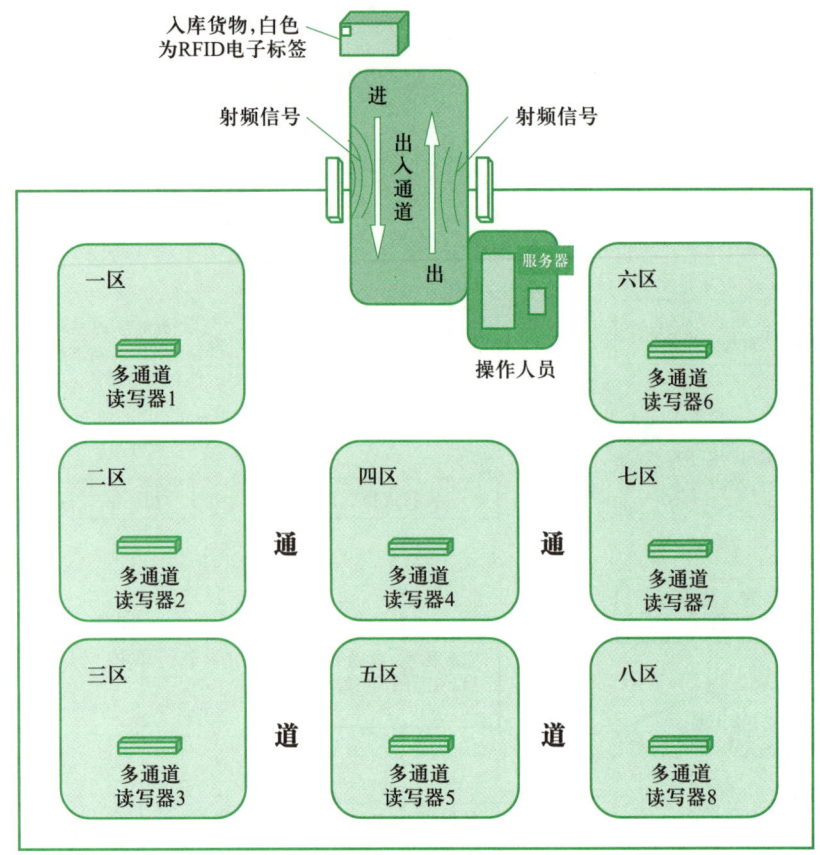

图4-11 货物入库示意图

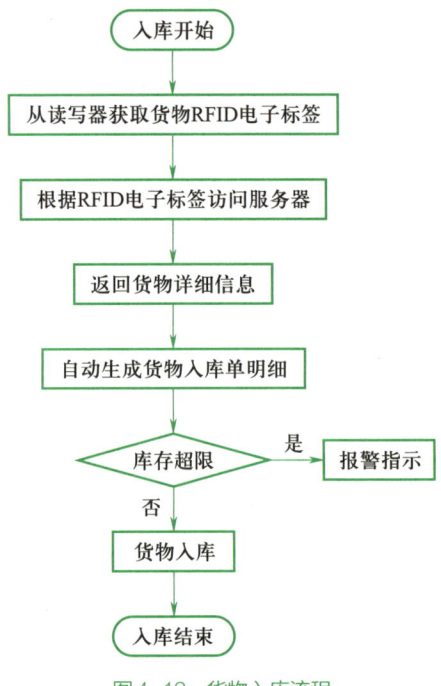

图4-12 货物入库流程

（二）WMS在入库作业中的应用

在入库环节，系统获取到货指令，并按到货指令进行验收、码盘（通过手持RF执行）后，系统将根据待上架货品及货位占用情况，通过对上架策略的计算（计算出托盘ID、上架货位等），自动产生上架作业指令，将上架作业指令下发给叉车上的平板电脑，叉车司机根据平板电脑上提示的上架指令，借助对托盘和货位上的RFID电子标签的读写，验证上架托盘和货位的正确性，完成托盘货品上架操作，具体流程如图4-13所示。

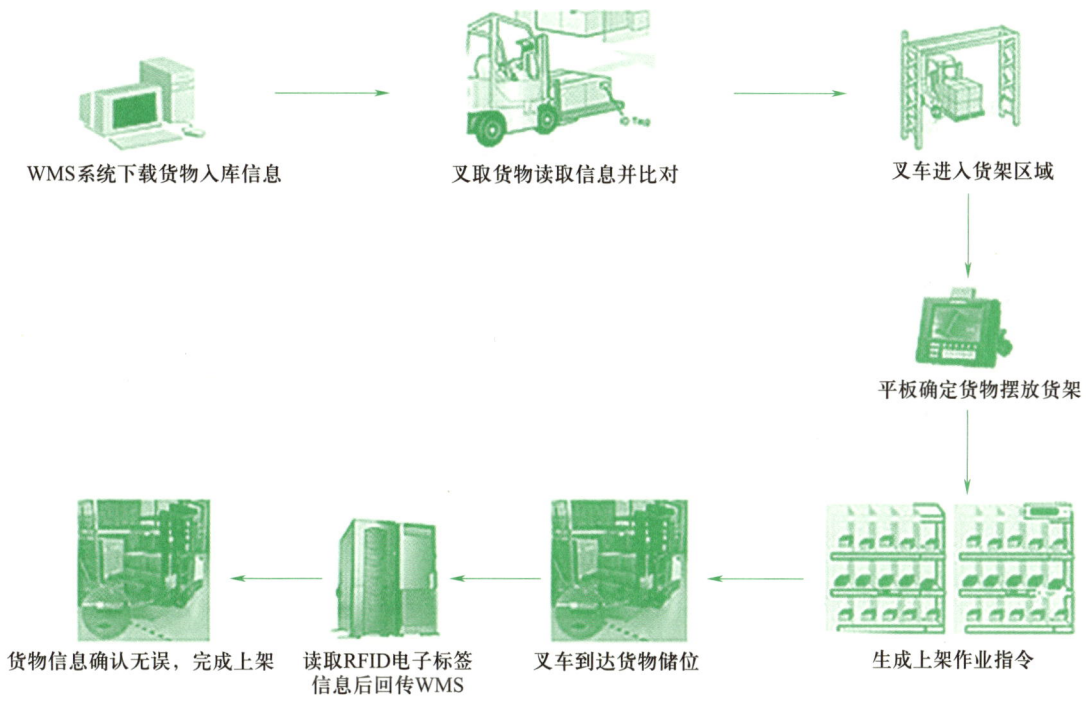

图4-13　仓库管理系统入库作业流程

（三）WCS在入库作业的应用

在系统架构中，WCS为WMS的下层子系统，负责执行WMS下发的工作任务信息，同时要对托盘输送机和堆垛机及相关配套设备进行管理，并实时地向WMS汇报其下属所有仓储设备的状态。WCS仓库控制系统由WCS服务器、WCS控制工作站两部分组成。服务器负责与WMS的信息交互，同时负责运行后台数据库。控制工作站作为仓储设备的核心控制系统，负责向仓储设备发送执行指令及获取仓储设备的工作状态，并及时上报至服务端。WMS将预收货打标的信息生成任务号，推送到WCS；WCS根据WMS的入库信息，包括货物编码、批次、数量、整板或零头、货物状态、单位等等，以批次汇总产生入库任务计划；WCS根据入库的批次计算及预留立体库上的储存位置，并计算零头进入的顺序；在入库口，WCS控制界面提醒需要的入库的货物信息，包括货物编码、批次、数量、整板或零头等等；货物的数据实时传送到WMS上，然后在WMS上勾选正确的收货条码，再来核对上架数量是否准确；数量无误后，货物输送到合适的库位上摆放。

第二节
在库作业

在库作业是仓储管理中的核心环节，在库作业安排既直接关系到货物仓储的数量和质量，也会影响仓储的经营效益。同时，随着仓储行业的智能化发展，智慧系统在在库作业中的应用也越来越普遍。

一、货物的保管

（一）保管、储存控制的要求

各种原材料、在制品、产成品均应储存在适宜的场地和库房，储存场所的条件应与产品保管要求相适应。

1. 储存区域整洁

应保持储存区域的卫生，货物应整齐存放。对温度、湿度和其他条件敏感的货物，应有明显的识别标记，并单独存放。

2. 使用适当的储存方法

储存中可能会变质和腐蚀的货物，应按一定的防腐蚀和防变质的方法进行清洗、防护、特殊包装和存放。

3. 对储存货物进行监控

对储存货物的监控主要有以下四个要点：

（1）定期检验，对在库货物实行先入先出的原则，并定期进行熏蒸消毒，做好库存品的检验记录。

（2）货物入库应验收合格，并注明接收日期、作出适当标记；对有储存期要求的货物，应制定储存品周转制度；货物堆放要有利于存取，并防止误用。

（3）定期检查库存货物状况，禁止非仓库人员进入仓库；货物出库手续应齐全，应加强仓库管理。

（4）储存货物应有一套清楚、完整的账物卡管理制度。

（二）库存货物的存放要点

1. 整理仓库

仓库主管应要求各仓管员整理好仓库通道，并进行合理设计，留有适宜的包装或开包场地。整理仓库时应注意以下四个要点：

（1）根据货物的性质、形状、数量等，确定适宜的存放地；货架隔板应能上下调节，货架正反两面都应能存放货物。

（2）通道宽度应便于搬运机械的搬运和通行。

（3）为便于搬运机械发挥作用，货物存放应尽量实体化。

（4）包装或开包地点应尽量选择仓库的中间位置。

2. 不同类别货物的存放

各种库存货物应根据不同类别存放，具体存放要点如表4-2所示。

表4-2 不同类别库存货物的存放要点

库存货物类别	存放要求	存放要点
原材料	做好防湿、防尘、防霉、防蛀工作	（1）防湿品应存放于湿度控制室，或者进行防湿包装并使用干燥剂； （2）易碎品和易坏品应格外小心存放； （3）冷冻品应存放于冷冻室，冷藏品应存放于冷藏室，冰温品应存放于冰温室； （4）做好防尘工作，注意防止物品变质、变色或腐烂； （5）危险品应单独存放
成品	成品的存放保管应利于出库，便于提高出库效率	（1）存放品应便于计数和检查，最好横放，避免计数时翻查； （2）同种类成品应集中存放于同一场所； （3）厚重品置于下方，轻薄品置于上方，出库频率高的产品应存放于出入口附近； （4）存放时，应方便搬运机械操作
其他物品	根据各自属性，选择不同器具进行存放	（1）电器件等小物品应放于抽屉式货箱； （2）多类少量物品应尽量组合存放； （3）电池类物品可采用托架式存放，并配以挡板，以增强其稳定性； （4）铁锹等物品可采用吊挂式存放； （5）床椅、机床等应采取平堆式存放

3. 库存货物的防误发和防破损

为了避免库存货物的误发和破损，需要注意以下四个事项。

（1）对不同库存货物分别注明品名、现货样品和类似品样品；对性质不稳定的货物，应注明单位质量或单位体积。

（2）在危险品和易损品的外包装上，应分别标示"危险品""易损品""注意存放""切勿倒置"等字样。

（3）暂存品、不良品等应单独存放，并以醒目标志标示。

（4）存放地与通道之间应画白线界定。

4. 库存货物的堆放

库存货物的堆放正确与否直接关系到货物保管质量。仓库主管须对仓管员的堆放作业和堆放效果进行指导与检查，确保货物的堆放科学、合理。具体来说，库存货物堆放时有以下要求。

（1）尽可能多地利用货仓空间，尽量采取立体堆放的方式，提高货仓使用率。

（2）利用机械装卸，如使用加高机等以增加货物堆放的空间。

（3）通道应留有适当的宽度，并保持装卸空间，这样既可以保证货物搬运的顺畅，又不会影响货物装卸的工作效率。

（4）不同的货物应该依货物的形状、性质、价值等因素选择不同的堆放方式。

（5）货物的仓储要遵循先进先出原则。

（6）货物的堆放要保证容易核算储存数量。

（7）货物的堆放应方便识别与检查，并将良品与不良品、呆料与废料分开处理。

（三）仓库温度、湿度的调控

货物在储存期间大都需要有一个适宜的温度和湿度，以确保货物的性质稳定。常见的温度和湿度调控主要通过通风降温、密封、吸潮来实现。温度、湿度的调控方法如下：

1. 通风降温

通风降温时应注意气象条件，如在天晴且风力不超过5级时效果较好，在秋冬季节通风较为理想。

2. 密封

一般情况下，对货物出入不太频繁的库房可采取整库密封，对货物出入较为频繁的库房可采取封垛的措施。

3. 吸潮

可使用吸湿剂吸收空气中的水汽，吸湿剂主要有生石灰、氯化钙和硅酸；也可以使用吸湿机把库内的湿空气吸入冷却器内，使其凝结成水后排出。

（四）货物的堆码

1. 堆码的定义

根据中华人民共和国国家标准《物流术语》（GB/T 18354—2021），堆码是指将物品整齐、规则地摆放成货垛的作业。具体来说，根据货物的特性、形状、轻重及包装质量等因素，结合仓库储存条件，将货物堆码成一定的货垛。

2. 堆码的原则

（1）分类存放。分类存放既是仓库存储规划的基本要求，也是保证货物质量的重要手段，还是堆码要遵循的基本原则。分类存放的具体要求包括以下几点：

① 不同类别的货物需要分类存放，甚至需要分区分库存放。

② 不同规格、不同批次的货物也要分位、分堆存放。

③ 残损货物要与原货物分开。

④ 对于需要分拣的货物，在分拣之后应分位存放，以免混串。

⑤ 不同流向的货物、不同经营方式的货物也应分类分存。

⑥ 同一种货物应在同一地方保管。

（2）适当调整搬运活性。搬运活性是指货物存放状态对搬运作业的难易程度。为了减少作业时间、次数，提高仓库物流速度，应根据货物作业的要求合理调整搬运活性。

（3）面向通道、不围不堵。具体来说，一是所有货物的货垛、货位都要有一面与通道相连，处在通道旁，以便能对其进行直接作业；二是货垛以及存放货物的正面，应尽可能面向通道，以便查看；三是仓库通道与堆垛之间应保持适当的宽度和距离，提高货物装卸的效率。

（4）利用仓库空间实现立体储存。为有效利用库内容积，应尽量向高处码放。同时，为防止破损、保证安全，应当尽可能多地使用货架等立体储存设施设备。

（5）先进先出原则。对于易变质、易破损、易腐败的货物与机能易退化、易老化的货物，应尽可能按先进先出的原则，以加快周转。

（6）确保稳固，注意上轻下重。安排放置场所时要把重的货物放在货架下方，把轻的货物放在货架的上方。对需要人工搬运的大型货物，则要以腰部高度为堆码基准。堆码时要适当确定垛底面积、货垛高度和衬垫材料，以提高货垛的稳定性，保证堆码的牢固、安全、不偏不歪、不倚不靠，使货物不受损害。

（7）根据出库频率选定位置。出库和进库频率高（物动量较大）的货物应放在靠近出入口、易于作业的地方；出库和进库频率低（物动量较小）的货物应放在距离出入口稍远的地方；季节性货物则依其季节特性来选定放置的场所。

（8）货垛整齐有序。货垛排列应整齐有序，同类货物应垛形统一，以形成良好的库容。货垛排列应横成行、纵成列，货物包装上的标志一律朝外，便于查看与拣选。

（9）定量存放，便于点数。为了方便检查和盘点，能够使库管员过目成数，在堆码时，垛、行、列、层、包等数量应力求整数，每垛应有固定的数量，通常采用"五五堆码"，即每垛按5或5的倍数存放。当某些过磅称重的货物不能成整数时，应该明确标出重量、分层堆码，或成捆堆码，定量存放。

（10）依据货物形状安排保管方法。依据货物形状来保管也是很重要的，如标准化货物应放在托盘或货架上来保管。

3. 货物的堆码方式

根据货物的包装方式、形状等特点，货物堆码方式可分为散堆方式、货架方式、成组堆码方式、垛堆方式四种，如图4-14所示。

(a) 散堆方式

(b) 货架方式

(c) 成组堆码方式

(d) 垛堆方式

图4-14　货物的堆码方式

二、货物的养护

货物的养护重点在于对仓库内温湿度的把控。

（一）仓库温湿度变化

1. 仓库温度的变化规律

（1）气温升降时，仓库温度会随之升降，仓库温度主要随气温变化而变化。

（2）仓库温度变化的时间总是在气温变化后的1~2小时。气温通常在日出前的一段时间最低，14：00左右最高；仓库温度在日出后1小时最低，15：00左右最高。

（3）库温与气温相比，夜间仓库温度高于气温，白天仓库温度低于气温。

（4）仓库温度变化的幅度小于气温变化的幅度。假如气温变化的幅度为10 ℃，则仓库温度变化的幅度仅为5 ℃~6 ℃，所以，仓库内的最高温度通常比气温的最高值低，仓库的最低温度则比气温的最低值高。

（5）仓库内温度还受仓库建筑结构、材料、外表面颜色等多种因素的影响。

货物温度直接反映货物安全储存的状况，而仓库温度的变化直接决定货物的状态，气温又影响着仓库温度的高低。气温具有不可控性，所以控制仓库温度来实现对货物温度的控制十分关键。

2. 仓库湿度的变化规律

仓库内的湿度随着大气湿度的变化而变化，且变化的时间迟于仓库外，幅度也较小。密闭条件较好的仓库受大气湿度影响较小。仓库内不同区域的湿度也各不相同。一般来讲，仓库上部的相对湿度比接近地面部分的相对湿度低，仓库内的墙角、货架下由于空气不易流通，相对湿度比较高。特别是没有水泥防潮层地面的仓库，湿度差异会更大。

（二）仓库空气温湿度的测定

1. 测定仓库空气温度

测定仓库空气温度的工具主要有水银温度计、酒精温度计、自记温度计和半导体点温计。

使用这些工具测定仓库温度应注意以下事项：

（1）水银温度计应放置在不受阳光直射、通风的地方，悬挂高度为1.5 m左右，以能平视观测为宜。

（2）读取水银温度计或酒精温度计指数时要敏捷、准确，先看小数，后看整数。视线要与液体柱顶端平齐，手和头不要接近温度计球部，也不要对着球部呼吸。

（3）自记温度计能够自动记录空气温度的变化，它的自记部分包括自记钟、自记纸、自记笔三部分。为保障其能够正常工作，仓库管理人员要做好上发条、更换记录纸及添加墨水的工作。

（4）使用半导体点温计时，将测温头接触被测物体，即可直接从显示屏上读取被测物体的温度。

（5）记录仓库空气温度。对仓库内的温度可以采用自记温度计进行连续记录，也可以通过定时人工观测的方法进行间歇性的记录。当存储的货物对空气温度变化比较敏感时，应该加大检验力度，增加记录的频率。

2. 测定仓库空气湿度

在仓储作业中，测定仓库空气湿度的常用工具主要是干湿球温度计、通风湿度计、毛发湿度计，以及自记湿度计。

（三）仓库温湿度的控制与调节

当仓库的温度或湿度超过货物的保管要求时，不仅会使货物的质量受到直接损害，而且可能引发变质、虫蛀、霉腐、老化等问题。因此，合理控制与调节仓库的温湿度是货物保养的首要问题。

1. 仓库的防热措施

（1）夜间开窗降温。每天的最低温度出现在凌晨2：00至5：00之间，如果需要降低仓库中的温度，仓库管理人员可在固定时间段打开库房门窗，进行自然通风或用排气风扇向库房内吹风，使库房内外空气对流，从而降低库房内的温度。

（2）用空调机降温。安装空调机的库房应该是密封的，当库房温度超过所储存货物的安全保管温度时，仓库管理人员就可以开动空调机降温。

（3）屋顶搭凉棚降温。在露天货场搭建凉棚可以避免堆垛的货物被阳光直射，从而减少货物所吸收的热量，降低货物的温度。在多层建筑仓库的顶层搭建凉棚，可以利用棚下的空气层降低仓库内的温度。

（4）屋顶喷水降温。在库房屋顶安装自动喷水设备，定时喷水，通过水的蒸发，降低温度。喷水时间一般安排在11：00至16：00之间，每隔半个小时喷水1次。在夏季可使库房内降温5 ℃左右。喷水也可用于在露天货场上堆储的铁桶装货物，在铁桶货垛的上空装设喷水管，给铁桶货垛"洗淋浴"，也能起到降温的效果。

（5）屋顶放置隔热材料降温。夏季在库房的屋顶放置一层隔热材料，可以降低库房的温度。

2. 仓库的防冻措施

（1）附加保温材料保温。在保温库上或者库房的屋顶加放一层保温材料，可增强仓库的保温效果。

（2）利用暖气设备保温。在库房内或者库房的墙内安装暖气，可保持库房所需要的库温。

（3）封闭仓库保温。下雪或温湿度的骤然变化会造成货物的损坏，这些易损坏的货物包括沥青、树脂、油毡、皮革、木制品、纤维制品、钢材、线材、有色金属型板材等，这些货物必须存入保温或非保温的封闭仓库中。在冬季到来之前，要用保温材料封闭仓库的窗户、仓门，对库顶也要采取相应的保温措施，将整个仓库封闭起来，以防止温度降低对货物造成损坏。

（四）仓库湿度的控制与调节

控制与调节仓库湿度时，主要采用通风、密封与吸湿三种方法。

1. 通风

通风包括自然通风和机械通风两种方法。

（1）自然通风。自然通风是指利用库房内外空气的压力差使空气自然交换的一种通风方式。仓库内外存在温度差或仓库外有风时，就可以实现仓库内外空气的流动。这种方法不需要任何机械设备，且空气交换量大，是一种经常使用的调节湿度的方法。

当仓库外无风时，应开启仓库上部和下部的通风口和窗户，促使空气流通；当仓库外有风时，应先关闭仓库迎风面上部的出气口，开启背风面上部的出气口及仓库门窗的通风口，以加速通风。

（2）机械通风。机械通风是指利用通风机械工作时所产生的正压力或负压力，使库内外空气形成压力差，从而强迫库内外空气发生交换的通风方式。

仓库可以在其外墙的上部或库顶安装排风机械，在库墙的下部安装抽风机械，利用其工作时产生的推压力及吸引力，将库内空气排出库外，将库外空气吸入库内，从而达到仓库内外空气交换的目的。

2. 密封

密封是指把库房、货垛尽可能严密地密封起来，减少或阻止外界湿度及其他不利因素对货物的影响，从而确保货物安全的方法。

3. 吸湿

吸湿是指采用吸潮剂或吸湿机械，通过直接减少仓库空气中的水分来降低仓库湿度的方法。当因库房外湿度高于仓库内湿度而不适宜进行通风散潮时，通常采用吸湿与整库密封相结合的方法来降低仓库内的湿度。

三、仓库的5S管理

仓库的5S管理既需要进行整体推进，又需要按流程单独进行，确保5S管理取得良好效果。例如，开展仓库现场清扫工作时，需要实行清扫区域责任制，并按组号做好准备工作，查明污垢的发生源，从根本上解决污垢的产生。5S管理的具体内容包括整理（Seiri）、整顿（Seiton）、清扫（Seiso）、清洁（Seikeisu）、素养（Shitsuke）五个方面的内容。

（一）整理

仓库现场的整理流程如图4-15所示。

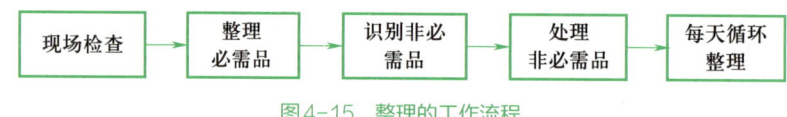

图4-15　整理的工作流程

1. 现场检查

对仓库现场进行全面检查，包括看得见的和看不见的区域，如设备的内部、文件柜的顶部、货架底部等位置。

2. 整理必需品

整理必需品首先要判断物品的重要性，然后根据其使用频率决定管理方法，最后用恰当的方法保管必需品，以便以后寻找和使用。

3. 识别非必需品

清理非必需品的原则是判断物品现在有没有使用价值，而不是看物品购买时的价值，对于没有使用价值的物品，必须处理掉。

4. 处理非必需品

对无使用价值的非必需品，可以折价变卖或转移为其他用途，如作为训练工具、展示教学等。对涉及机密、专利，以及污染环境的非必需品，要收集起来做特别处理。

5. 每天循环整理

整理是一个长期过程。仓库现场每天都在变化，昨天的必需品在今天可能是多余的，今天的需求与明天的需求必有所不同，因此整理工作必须每天循环进行。

（二）整顿

仓库现场的整顿流程如图4-16所示。

图4-16 整顿的工作流程

1. 彻底进行整理

对仓库物品进行彻底整理，只留下必需品。在工作岗位上只能摆放最低限度的必需品；同时，应正确判断是个人所需品还是小组共需品。

2. 确定放置位置

对物品在仓库中的位置进行分析。可制作一个仓库模型，以便于布局规划。将经常使用的物品放在作业的最近处，对特殊物品、危险品应设置专门的场所进行保管。

3. 进行标示

使用不同色的油漆、胶带、地板砖或栅栏划分区域，在摆放的物品上进行标示。根据工作需要灵活采用各种标示方法，标签上的内容要一目了然。对某些物料、产品要注明储存或搬运的注意事项以及保养的时间和方法。对暂放物料应挂暂放牌，并指明管理责任与时间跨度。

（三）清扫

仓库现场的清扫流程如图4-17所示。

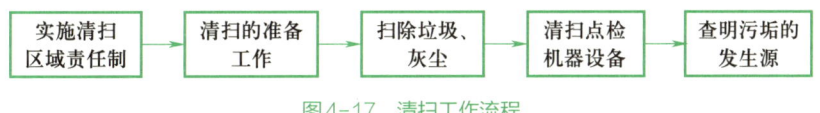

图4-17 清扫工作流程

1. 实施清扫区域责任制

清扫时应该先进行区域划分，实行清扫区域责任制，责任到人，不可存在无人清扫的死角。

2. 清扫的准备工作

清扫前，应准备好必要的清扫用具，如吸尘器、扫帚、清洁剂等。同时，清扫前要对员工进行必要的培训，使他们掌握清扫工作的要领。

3. 扫除垃圾、灰尘

由作业人员动手清扫而非由清洁工人代替。应清除长年堆积的灰尘、污垢，不留死角；应将地板、墙壁、天花板等位置打扫干净。

4. 清扫点检机器设备

仔细清扫设备，使设备一尘不染，不仅对设备本身，对其附属、辅助设备也要清扫（如分析仪、气管、水槽等）。对设备容易发生"跑、冒、滴、漏"的部位要重点检查。一边清扫，一边改善设备状况，把设备的清扫与点检、保养、润滑结合起来。

5. 查明污垢的发生源

如若发生即使每天进行清扫，油渍、灰尘和碎屑还是四处可见的情况，则应查明污垢的发生源，从根本上解决问题；制作污垢发生源明细清单，按计划逐步改善，从根本上防止污垢产生。

（四）清洁

仓库现场的清洁流程具体如图4-18所示。

图4-18　仓库现场的清洁流程

1. 确定清洁标准

清洁标准包含有三个要素，即干净、高效、安全。

2. 检查前3S的效果

在清洁开始时，要对清洁度进行检查，可以制定详细的检查表，以规范清洁状态。

3. 彻底贯彻前3S

必须强化对前3S的管理，督促仓库工作人员做好前3S工作。

4. 持续培训现场人员

现场管理者要对作业人员持续进行培训教育，以加深其对前3S的认识，并做好现场的整理、整顿和清扫工作。

（五）素养

企业在推动前面4S的基础上，应进一步使仓库工作人员达到素养要求，企业培养仓库工作人员素养的工作流程如图4-19所示。

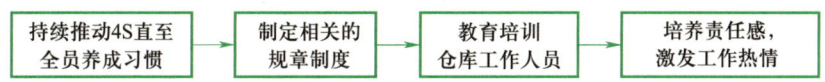

图4-19 素养的培养流程

1. 持续推动4S直至全员养成习惯

通过4S（整理、整顿、清扫、清洁）管理，使仓库工作人员达到工作最基本的要求——素养。所以5S管理可以理解为：通过谁都能做到的整理、整顿、清扫、清洁，达到最终意义上的"素养"。

2. 制定相关的规章制度

制定相应的操作规范、行为礼仪及仓库工作人员守则等，能够保证仓库工作人员达到最低限度的素养要求。

3. 教育培训仓库工作人员

教育培训仓库工作人员，尤其是新进员工，应及时对其进行5S管理的强化教育。

4. 培养责任感，激发工作热情

应培养仓库工作人员对工作的责任感和热情，如多组织开展集体活动、素质拓展等，以增强仓库工作人员的责任感与团队精神。

四、货物的盘点

盘点是指定期或临时对库存货物的实际数量进行清查、清点作业，即对仓库现有货物的实际数量与保管账上记录的数量进行核对，检查货物有无残缺和质量问题，以便准确掌握货物数量，进而核对金额的过程。盘点是保证储存货物达到账、物、卡相符的重要措施之一。只有使库存货物经常保证数量准确和质量完好，仓储部门才能更有效地为生产、流通提供可靠的供应保证。因此，在库作业管理必须十分重视盘点工作。

（一）盘点的目的

盘点的目的主要体现在以下三点：

1. 核查实际库存数量

盘点可以查清实际库存数量，并通过盈亏调整使库存账面数量与实际库存数量一致。

2. 计算企业资产的损益

库存货物总金额直接反映企业流动资产的使用情况，如果库存量过高，流动资金的正常运转将受到威胁。为了能够准确地计算出企业的实际损益，必须进行盘点。

3. 发现货物管理中存在的问题

通过盘点货物库存，查明盈亏原因，发现在库作业与管理中存在的问题，并通过解决问题来改善在库作业流程和在库作业方式，提高作业人员的素质和企业的管理水平。

（二）盘点的要求

仓库盘点应达到"六不"要求，即不整理不盘点、不漏盘一个货物、不错盘一个货物、不漏录一个货物、不错录一个货物，以及不找出差异原因不结束盘点。

（三）盘点方法

常见的盘点方法有以下五种：

1. 定期盘点

定期盘点是指选择一个固定时期，对所有物料进行的全面盘点。定期盘点必须关闭仓库，对物料及在制品做全面清点。其优点是能够方便、准确地核对物料、在制品的数量、种类，可减少盘点中的错误；缺点是可能造成损失，并且需要动用大批员工从事盘点工作。

定期盘点根据所采用的盘点工具，可分为以下三种。

（1）盘点单盘点法，即使用物料盘点单，对盘点结果进行记录的方法。

（2）盘点签盘点法，即在盘点中采用特别设计的盘点签，盘点后将其贴在转载实物上，经复核者复核后撕下的方法。

（3）料架签盘点法，即直接将盘点数量填入料架签，复核无误后揭下原有料架签并换上不同颜色的料架签；之后清查料架签尚未换下的原因，再依料账顺序排列，进行核账与做报表的方法。

2. 连续盘点

连续盘点是指将物料逐区、逐类连续进行的盘点；或在某类物料达到最低存量时，机动进行的盘点。在进行连续盘点时，可不必关闭仓库，可减少停工造成的损失，但必须有专业盘点人员常年划分物料类别。实施连续盘点时，可采用以下三种方法。

（1）分区轮盘法。分区轮盘法是指由专业盘点人员将仓库分为若干区，依序清点物料存量，经过一定日期后周而复始的方法。

（2）分批分堆盘点法。采用分批分堆盘点法时，先准备一张某批收料的记

物料盘点
管理

录签，将其放置于透明塑料袋内，拴在该批收料的包装件上。发料时，在记录签上做记录，并将领料单副本存于该透明塑料袋内。盘点时，对尚未启用的包装件可确认其存量毫无误差，只将动用的存量进行实际盘点。

（3）最低存量盘点法。最低存量盘点法是指当库存物料达到最低存量或订购点时，即通知专业盘点人员清点仓库，盘点后开具对账单，以便查核误差的方法。这种盘点方法对于经常收发的物料相当有用，但对于呆料来说则不适合。

3. 联合盘点

定期盘点与连续盘点各有利弊，联合盘点是采用数种方法联合起来进行的盘点。例如，实行最低存量盘点法时，同时采用定期盘点法；实行分批分堆盘点法时，可同时采用分区盘点法。数种方法结合运用，可以提升盘点效率。

4.“人机”盘点

“人机”盘点通常是指在自动化立体仓库和自动分拣线上进行，通过WMS（仓储管理系统）的盘点系统，利用电子标签和手持终端系统进行人机配合的盘点。

5. 人工盘点

人工盘点作业常用三人小组法。三人小组法的操作要领和作业细节如下：

（1）盘点人员要熟知企业盘点制度。

（2）选择盘点人员，每组3人，根据工作量和时间要求组成小组若干。

（3）提供盘点货位配置图。

（4）接受盘点作业任务。

（5）每组分工后，1人按配置图进行盘点，并将盘点结果记入盘点表，1人对前面所完成的作业进行复盘，1人负责核查前两人的盘点数据。如结果一致，则将盘点结果记入盘点调整表的盘点数栏；如不一致，则由第3人再一次将结果与前两人的盘点结果对照，如一致则将结果记入盘点调整表。

（6）盘点时有可能出现盘盈或盘亏，不论盘盈还是盘亏，都要认真查找原因，有时可能会出现混货和错货，应认真核对并进行调整。

（7）根据盘点结果填制盘点盈亏汇总表。

（8）根据盘点盈亏汇总表制作盘点卡。

（四）盘点结果处理

在盘点过程中，盘点工作负责人将盘点所得结果与账目核对后，如发现账物不符，应积极找出造成账物差异的原因，同时做好预防及修补改善工作，防止类似情况再次发生。

具体可从以下几方面着手进行账物不符原因的追查：

（1）账物不符是否确实，是否存在因账物处理制度存在缺陷而造成账物不符的情况。

（2）盘盈或盘亏是否因为盘点人员专业素养不足而产生了记账错误或进料、发料的原始单据丢失造成账物不足。

（3）是否为盘点人员不慎多盘或未盘点分置多出的物料，或因对盘点人员事前培训工作不到位而造成的错误。

（4）盘点与账物的差异是否在允许范围之内。

（5）找出盘盈或盘亏的原因，分析日后是否可以事先设法预防，能否降低账物差异的程度。

五、货物的装卸搬运

装卸是指货物在指定地点以人力或机械载入或卸出运输工具的作业过程。搬运是指在同场所内，对货物进行空间移动的作业过程。

（一）装卸搬运的方式

在实际仓储工作中，选择适宜的装卸搬运方式，对于提高装卸搬运效率、节约装卸搬运作业时间、降低装卸搬运费用至关重要。

1. 按装卸搬运作业对象分类

按装卸搬运作业对象不同，可分为单件作业、集装作业和散装作业。

（1）单件作业。单件作业是指利用人工装卸搬运的一种方法，也是目前仓储作业广泛采用的装卸搬运作业。

（2）集装作业。集装作业是指先将货物集装，再对集装后的货物进行装卸搬运作业。

（3）散装作业。散装作业是指对粉末状货物及大批量不适宜包装的散货进行的装卸搬运作业，如煤炭、矿石、粮食、水泥等。

2. 按装卸搬运的作业手段和组织水平分类

（1）人工作业。人工作业是指利用人工或借助简单工具进行的装卸搬运作业，也是一种单件作业。这种作业简便易行，作业成本较低，但效率也较低。

（2）机械化作业。机械化作业是指主要利用机械进行的装卸搬运作业，属于"人机"作业。这种作业方式具有节省时间，效率较高，管理成本较低，单位作业费用较高的效果。

（3）综合化机械作业。综合化机械作业是指利用两种以上工具或全自动设备进行的装卸搬运作业，这种作业属于"机机"作业。这种作业方式效率较高，错误率几乎为零，但作业费用较高，若作业规模大而且可以进行规律性作业，则其单位成本较低。自动化立体仓库和自动化分拣线就属于这种作业方式。

（二）选择装卸搬运设备的原则

1. 利用重力的原则

在物流系统中，利用重力进行货物搬运是十分经济的手段。利用高度差、采用滑板、滑道等方法可节约能源，方便有效。因此，在装卸搬运时应尽可能选择可消除货物重力的不利影响，又尽可能利用重力进行装卸搬运的设备，以减轻劳动力和其他能源的消耗。

2. 经济合理的原则

企业在追求自身经济利益的同时，也要考虑他人、国家和社会的利益。因此，不仅要从是否经济合理来考虑，而且要从加快物流速度、减轻劳动强度和保证人与物的安全等方面来考虑。

3. 活性化的原则

活性化是指从货物的停止状况转变为装卸状况的难易程度。如库房中的货物乱七八糟，与规整堆码的不同；散乱状况与放在托盘上的不同等。装卸搬运设备应结合货物的活性化程度进行选择。

4. 顺畅的原则

搬运作业受运输等其他环节的制约，其节奏不能完全自主决定，必须综合各方面因素妥善安排，使物流量尽量均衡，避免忙闲不均的现象。应尽量做到装卸搬运不停顿、不间断，像流水一样地进行。

（三）装卸搬运作业合理化

装卸搬运活动本身并不增加货物的价值和使用价值，相反，还有可能成为沾污、损坏货物和降低货物价值的直接原因。因此，应尽量减少装卸搬运的次数。装卸搬运作业合理化的措施如下：

1. 防止和消除无效作业

无效作业是指在装卸搬运作业活动中超出必要的作业。显然，防止和消除无效作业对装卸搬运作业的经济效益具有重要作用。为了有效防止和消除无效作业，可从以下几方面入手：

（1）尽量减少装卸搬运的次数。要使装卸搬运的次数降到最低，尤其要避免没有效果的装卸搬运作业。

（2）提高被装卸搬运货物的纯度。货物的纯度是指货物中含有水分、杂质等与货物本身使用无关的物质的多少。货物的纯度越高，装卸搬运作业的有效程度就越高；反之，无效作业就会增多。

（3）包装应适宜。包装是物流中不可缺少的辅助作业手段。包装的轻型化、简单化、实用化会不同程度地减少作用于包装上的无效劳动。

（4）缩短搬运作业的距离。货物在装卸搬运过程中，要实现水平和垂直两个方向的位移，如果能选择最短的路线完成这一活动，就可以避免超越这一最短路线以上的无效劳动。

2. 提高货物装卸搬运的灵活性

货物装卸搬运的灵活性是指装卸作业的难易程度。在码放货物时，事先要考虑到货物装卸搬运作业的便利性。根据货物所处的状态，即货物装卸搬运的难易程度，装卸搬运的灵活性可分为不同的级别，如图4-20所示。

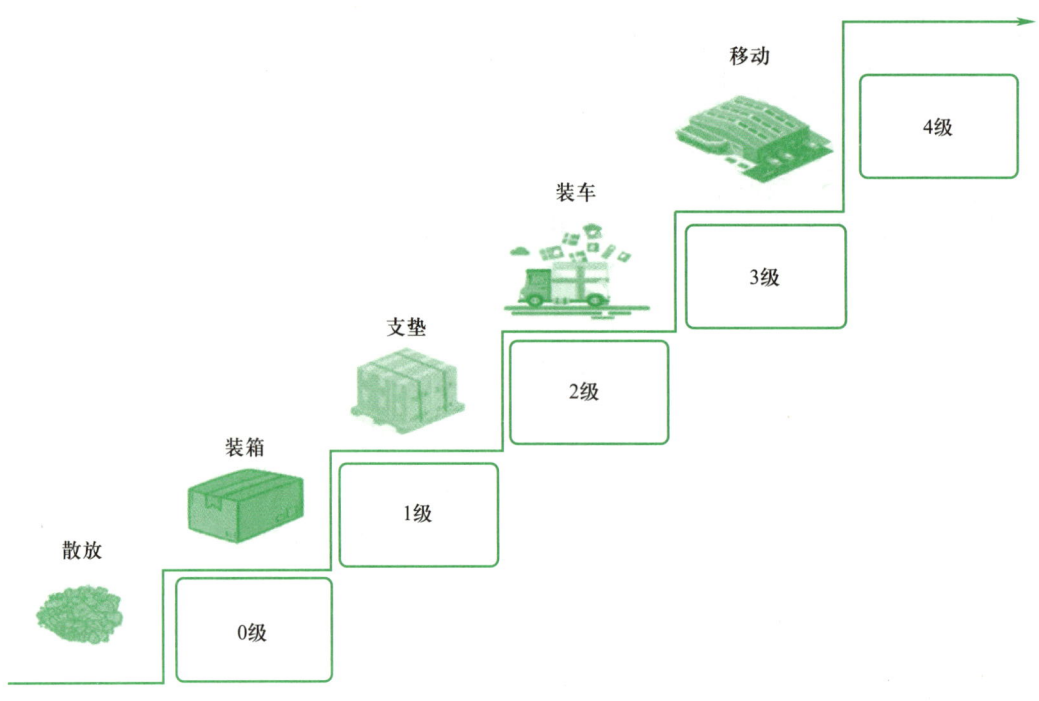

图4-20 装卸搬运的灵活性级别

0级——散放，货物杂乱地堆在地面上的状态。

1级——装箱，货物装箱或经捆扎后的状态。

2级——支垫，箱子或被捆扎后的货物，下面放有枕木或其他衬垫，便于叉车或其他机械作业的状态。

3级——装车，货物被放于台车上或用起重机吊钩钩住，即可以立刻移动的状态。

4级——移动，被装卸搬运的货物，已经处于被起动、可以直接作业的状态。

六、智慧仓配技术在在库作业中的应用

（一）RFID智能盘点

RFID智能盘点即利用RFID识别技术实现对仓储内在库货物数量、种类的核对，以便准确掌握库存数量。通过RFID智能盘点车进行自动化数据采集，能够保证仓库管理各个环节数据输入的速度和准确性，确保企业及时准确地掌握库存真实数据，实现高效率的货物查找和实时的库存盘点，有利于提高仓库管理工作的效率，摆脱费时费力的传统仓库管理，合理保持和控制企业库存，使企业高效率运转。

RFID智能盘点的一个生活中的实际应用便是RFID智能盘点机器人。以迪卡侬为例，迪卡侬的RFID智能盘点机器人通过搭载RFID技术和人工智能，实现全品类产品自动盘点。机器人身高约163 cm，重量30 kg，行走速度0.45米/秒，平均扫描时间2小时，RFID读取范围为4米，在行走的过程中通过RFID、视觉＋感知技术完成库存盘点、缺货管理和货位优化，省去了员工手持RFID读写器读取标签的工作的同时，更加智能化地实现全面库存管理。

在工作过程中，如果RFID智能盘点机器人经过人员密集区域，其感应器会及时识别，并指导人员绕道，等待人员离开后再前往该区域检查。传统人工手动盘点方式一小时平均可以处理200件货物，而使用RFID智能盘点机器人每小时可以检查15 000～30 000种货物，每天可循环检查3次，仓库盘点的效率大幅提升，一个小型商场2分钟即可完成整个货架盘点，准确率超过97%。

智慧仓配与中国经济
九州通武汉东西湖自动化仓储物流中心

九州通医药集团（以下简称"九州通"）武汉东西湖物流中心由自动化立体仓库、楼层库和穿梭车库三部分组成。整个物流中心的存量为60万件，品

类数达到4万个，订单处理能力及出库能力均可实现10万行/天，差错率控制在万分之一以内，支持年销售额达120亿元。该物流中心是全球最大的单体医药物流中心，同时也是亚洲技术最先进的医药物流中心，箱式穿梭车库、螺旋输送机、自动条码复核系统、自动输送分拣系统等均为国内乃至亚洲最先进的和首次使用的技术。

1. 托盘式自动化立体仓库

九州通自动化立体仓库有14个巷道，共28 000个托盘货位，按照入库、出库、补货和拣选四大功能分层设了多个进口和出口，适合多频次、小批量订单的B类和C类商品。U形拣选采用整托盘自动补货、自动行走无轨小车拣选的A类商品八层钢平台。通过九州通多年对立体仓库的自主研究和使用经验，对原本多应用于高密度存储领域的立体仓库进行优化，适应九州通多品类、小批量、周转快的特点，兼容线上线下多种业务形态。该立体仓库日吞吐能力达5 600托盘、日拣选能力达40 000箱。在提高作业效率的同时，大大降低了库内人工的搬运强度。

2. 箱式穿梭车库

为解决九州通集团订单量大、拆零比例高、月台面积需求大，以及装车集货困难等问题，九州通自主设计了自动调度装车系统，并据此引进奥地利智能穿梭车设备，这种新设备为国内首次引进，是迄今为止世界上存储密度最高、节能环保效果最好的物流系统之一，该系统的吞吐量达6 000箱/小时，能够实现月台多次周转使用，准确率高达100%。

党的二十大报告提出，坚持面向世界科技前沿、面向经济主战场、面向国家重大需求、面向人民生命健康，加快实现高水平科技自立自强。九州通武汉东西湖自动化仓储物流中心作为全球最大的单体医药物流中心、亚洲技术最先进的医药物流中心，积极建设高效顺畅的货物仓储流通体系，应用智慧仓储设施设备，有利于降低物流成本、促使物流技术不断升级，带动物流行业的先进技术得到更广泛的应用，推动实现全国各行各业的高质量发展。

（二）WMS在货物盘点中的应用

利用WMS创建盘点并审核，盘点工作人员可通过移动终端查看盘点任务前往指定盘点地点，利用PDA（掌上计算机）进行货物盘点扫描，并与数据库中的信息进行比对，在移动端显示实时差异信息，供盘点工作人员核查。将盘点完成的信息与后台的数据库信息进行核对后可生成盘点表，如图4-21所示。

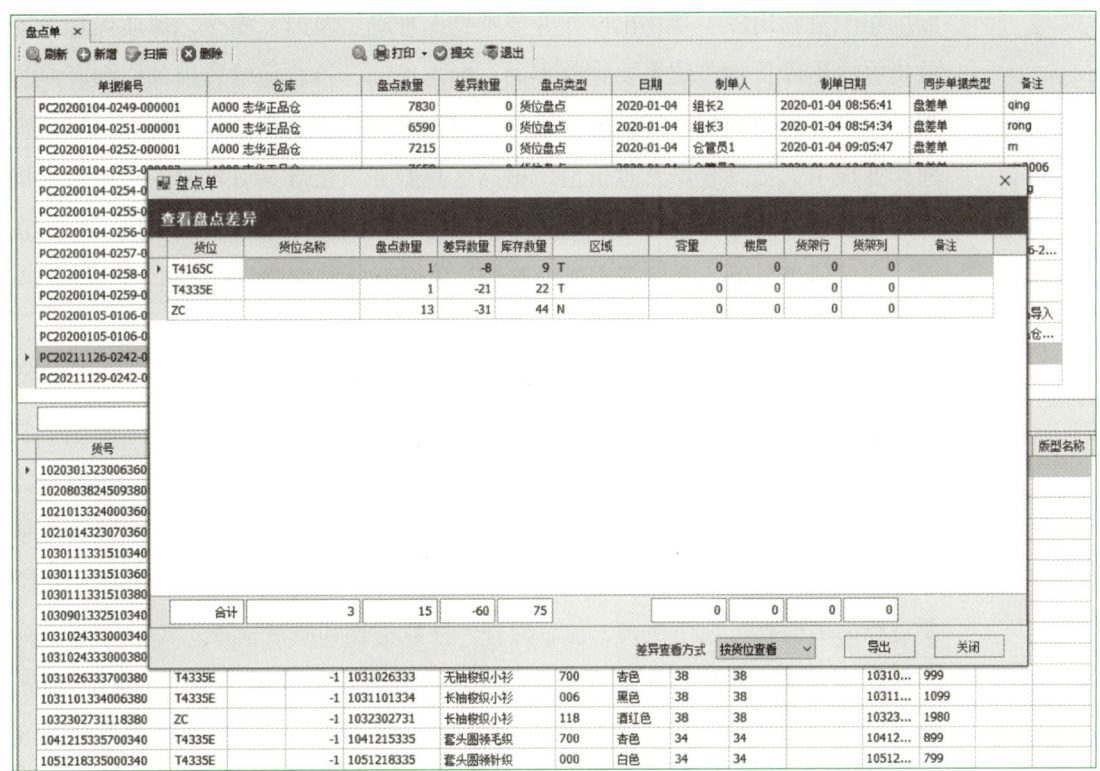

图4-21　盘点表

第三节
出库作业

　　出库作业，是指仓库根据业务部门或者客户（货主）开出的提货单、调拨单等货物出库凭证，按照货物出库凭证所列的货物名称、编号、型号、规格、数量、承运单位等各个具体项目，组织货物出库等一系列工作的总称。货物出库意味着货物在储存阶段的终止。因此，货物出库作业是仓储作业的最后一个环节。

一、出库作业准备

　　为了完成出库作业，必须事先做好相应准备，按照一定的流程和管理规章制度组织货物出库。货物出库作业要求仓库准确、及时、安全、保质保量地发放货物，出库货物包装也要完整牢固、标志正确、符合运输管理部门和客户的要求。做好货物出库管理的各项工作，对完善和改进仓库的经营管理，降低仓库作业成本，提高仓库管理价值，提高客户服务质量等具有重要的作用。货物出库也使仓库的工作与运输、配送单位，与货物的使用单位直接发生了业务联系。在任何情况下，仓库都不能够擅自动用或者外借库存货物。

二、出库作业的要求

概括来讲，货物出库时要做到"三不""三核""五检查"的基本要求。"三不"是指未接单据不登账、未经审单不备货、未经复核不出库；"三核"是指在发货时要核对凭证、核对账卡、核对实物；"五检查"是指对单据和实物要进行品名检查、规格检查、包装检查、件数检查和质量检查。

具体来讲，货物出库要严格执行出库作业程序，依据正式出库凭证进行，准确及时地将客户所需要的货物送达，使客户满意。货物出库必须符合有关规定和要求，对货物出库作业的基本要求如下：

（一）凭证出库

出库作业必须依据正式的出库凭证进行，任何非正式的出库凭证均被视为无效凭证，不能作为出库依据。出库凭证的具体格式不尽相同，但不论采用哪种格式，都必须符合财务制度要求且具有法律效力。

（二）严格执行出库作业程序

出库作业程序是保证出库作业顺利进行的基本保证，为防止出现工作失误，在进行出库作业时，必须严格履行规定的出库作业程序，使出库作业有序进行。

（三）准确及时

准确要求出库作业时，应按照货物出库凭证所列的货物编号、品名、规格、等级、单位、数量等，做到准确无误地出库。在一般情况下，由于仓库储存货物品种较多，发货时间比较集中，业务比较繁忙，为做到出库货物准确无误，必须加强复核工作，要从审核出库凭证开始，直到货物交接完成为止，对每一环节都要进行复核。

及时要求当接到出库凭证以后，仓库按规定的交货日期及时组织货物出库。办理出库手续，应在明确经济责任的前提下，力求手续简便，提高发货效率。一方面，要求作业人员具有较高的业务素质，全面掌握货物的流向动态，合理组织出库作业；另一方面，还要加强与业务单位的联系，提前做好出库准备，以达到迅速及时地完成出库作业。

三、出库作业的形式

（一）送货

送货是指仓库根据货主单位预先送来的货物调拨通知单，通过发货作业，把应发货物由运输部门送达收货单位的出库作业形式。

送货要划清交接责任。仓储部门与运输部门的交接手续是在仓库现场办理完毕的。运输部门与收货单位的交接手续根据货主单位与收货单位签订的协议，一般在收货单位指定的到货目的地办理。

送货具有"预先付货、按车排货、发货等车"的特点。仓库送货有多方面的优势：仓库可以预先安排作业，缩短发货时间；收货单位可以避免因人力、车辆等不便而发生的取货困难；可以合理使用运输工具，减少运费。

（二）提货

提货是指由收货人或其代理持物品调拨通知单直接到库提取货物，仓库凭单发货的出库作业形式。它具有"持单到库，随到随发，自提自运"的特点。为划清交接责任，仓库发货人与提货人在仓库现场要对出库货物当面交接清楚并办理签收手续。

（三）过户

过户是指一种就地划拨货物的出库作业形式，货物虽未出库，但是所有权已从原存货户转移到新存货户。仓库必须根据原存货单位开出的正式过户凭证办理过户手续。

（四）取样

取样是指货主单位出于对货物质量检验、样品陈列等的需要，到仓库提取货物样品而对货物进行的开箱、拆包、分割等操作，形成部分货物出库的出库作业形式。货主取样时必须持有仓单，仓库也必须根据正式取样凭证发出货物样品，并做好账务记载。

（五）转仓

转仓是指货主为了业务方便或改变储存条件，需要将某批库存货物自甲仓库转移到乙仓库的出库作业形式。仓库必须根据货主开出的正式转仓单办理转仓手续。

四、出库作业的基本程序

由于各种类型的仓库具体储存的货物种类不同，经营方式不同，出库作业的程序也不尽相同，但就其出库的操作内容来讲，一般出库作业的基本程序主要包括出库凭证审验、出库信息处理、货物拣选、配货作业、加工作业、出货复核、包装、清点交接、登账记录、现场清理、出库后的问题处理等。

（一）出库凭证审验

1. 出库凭证

出库时应审验的出库凭证包括提货单和出库单两种。

（1）提货单。提货单是指提货人向仓库提取货物的正式凭证。企业一般采用自提和送货两种出库方式。

（2）出库单。出库单一般作为销售或第三方物流仓库的出库凭证，通常包括货物的名称、编号、数量、价格等内容。

2. 出库凭证审验内容及问题处理

（1）审验内容。接到货物出库凭证后，仓库保管人员应对以下内容进行认真审验：

① 出库凭证所列的发货仓库名称、提单联字样有无错误。

② 出库凭证上的印鉴是否齐全。

③ 货物的品名、规格、等级、型号、单价等是否与库存货物相符。

④ 凭证字迹是否清楚，有无涂改现象。

⑤ 提货日期是否逾期。

（2）问题处理。仓库保管人员在审验出库凭证时，如发现以下问题，应及时处理：

① 发现出库凭证有假冒、复制或有涂改痕迹的，应及时与保卫部门及领导联系，请其妥善处理。

② 发现出库凭证有疑点或与库存货物不符的，应立即同制票人员取得联系，及时查明并更正。

③ 发现超过提货期限的，应请客户重新办理提货手续。

④ 如客户将出库凭证遗失，应持单位证明先到制票人员处挂失，再到仓库保管人员处挂失，将原凭证作废，补办手续后再安排发货。

（二）出库信息处理

出库信息处理包括订单录入、存货查询和存货分配。

1. 订单录入

订单录入是指将客户订货信息转变为公司订单的过程，包括以下步骤：

（1）检查订货信息的准确性，这些订货信息包括订货编号、数量、品种、价格等。

（2）检查库存状况，如是否有货、能否满足客户的订货条件等。

（3）如果不能满足客户的订货条件，则需要同客户商议，或者改变订货条件，或者延期订货，或者取消订单。

（4）检查客户信用等级。

（5）规范客户订单，把客户的订货信息按照公司所要求的格式规范化。

（6）开单，准备发货单据等。

进行上述工作是必需的，因为订货请求所包含的信息往往与要求的格式不符，无法做进一步处理，所以，在交给订单履行部门执行之前，还需要做一些额外的准备工作。

订单录入既可以由人工完成，也可以进行自动化处理。信息技术的发展大大提高了订单录入的效率，条形码扫描技术的广泛应用提高了订货信息输入的速度与准确性，并降低了处理成本。借助信息技术，库存水平和客户信用检查等活动实现了自动化处理。与传统的手工处理相比，自动化订单录入所需要的时间大大缩短。

2. 存货查询

存货查询的目的在于确认是否有库存能够满足客户需求，通常被称为"事先拣货"。存货栏的资料一般包括货物名称、代码、货物描述、库存量、已分配存货、有效存货及期望进货时间等信息。

在输入客户订单货物的名称、代码时，仓储系统即开始查询存货档案的相关资料，看此货物是否缺货，若缺货则应查看是否已经采购等信息，便于接单人员与客户协调是否改订其他替代品或是允许延后出货等权宜办法，以提高人员的接单率及接单处理效率。

3. 存货分配

将订单资料输入系统并确认无误后，最主要的处理作业在于将大量订货资料做有效的汇总分类、调拨库存，以便后续物流作业能有序进行。存货的分配模式可分为单一订单分配及批次分配两种。

（1）单一订单分配。此种模式多为线上即时分配，即在输入订单资料时就将存货分配给该订单。

（2）批次分配。累计汇总数笔已输入的订单资料后再一次性分配库存叫作批次分配。因配送中心订单数量多、客户类型等级多，且多为每天固定配送次数，因此通常采用批次分配以确保库存能达到合理分配。

然而，若以批次分配选定参与分配的订单后，这些订单商品的总出货量大于可以分配的库存量，应如何取舍来分配这些有限的库存？可依据以下四个原则来决定客户订购的优先性：

① 具有特殊优先权者先分配。一些例外的订单，如缺货补货订单、延迟交货订单、紧急订单或远期订单等，有优先取得存货的权利。

② 依据客户等级来取舍，即按照客户重要性程度进行优先分配。

③ 依据订单交易量或交易金额来取舍，将对本企业贡献度大的订单做优先处理。

④ 依据客户信用状况将信用较好的客户订单做优先处理。

此外，也可以依据上述原则在接收客户订单时即将优先顺序键入（以A、B、C或1、2、3来表示），然后在做分配时即可依此顺序自动取舍，也就是建立一套订单处理优先系统。

存货分配方式决定了下一步拣货作业，如果是单一订单分配，则采用单一顺序拣选；如果是批次分配，则采用批量拣选方式。

（三）货物拣选

货物拣选是指根据出库信息或订单，将客户订购的货物从保管区或拣货区取出或直接在进货过程中取出，运至配货区的作业过程。

1. 货物拣选作业的基本流程

（1）生成拣选信息。在货物拣选作业开始前，首先要核对出库信息，这是因为出库信息的传递速度和准确程度受仓库信息化程度的影响。有的信息是手工录入的，即对出库凭证进行审核后手工录入；有的信息是通过条码识别录入的。

（2）选择拣选方法。选择拣选方法时需要考虑多方面的因素、环境和条件，要采用适宜的拣选方法。如果订单品种繁多，批量不大，可以对订单进行单一分拣，也就是"摘果式"分拣；如果订单品种较单一，批量大，可以进行批量分拣，也就是"播种式"分拣。

（3）实施拣选作业。分拣方法确定以后，就可以进行具体的拣选作业了。在实施拣选作业时，首先要准确找到货位，确认货物，然后将货物挑选、将其搬运到指定地点。

2. 主要的拣选作业组织方法

（1）单一拣选。单一拣选又称"摘果式"，是指每次拣选只针对一张订单，不进行订单分批处理的方法。结合分区策略，具体可以分为单人拣选、分区接力拣选和分区汇总拣选几种方式。

① 单人拣选。一张订单由一个人全程负责。采用这种拣选方式制作的拣货单只需要将订单资料转为拣选需求资料即可。

② 分区接力拣选。将存储或拣货区划分成几个区域，一张订单由各区人员采取前后接力的方式共同完成。

③ 分区汇总拣选。将存储区或拣货区划分成几个区域，先将一张订单拆成各区域所需的拣货单，再将各区域所拣选的货物汇集一起。

（2）批量拣选。批量拣选又称"播种式"，先将数张订单汇总成一批，再将各订单相同的货物订购数量汇总起来一起拣选处理。

（四）配货作业

拣选作业完成以后，接着是配货作业。首先，根据客户的配送路线将货物进行分类，把货物集中放置在缓冲区。然后进行配货检查，保证发运前货物的品种、数量、质量无误。最后，对配送货物进行重新包装、打捆，以保护货物，提高运输效率，便于配送到户时客户能够快速、准确地识别各自的货物等。配货作业通常有单一配货和集中配货两种形式。

1. 单一配货

单一配货，即每次只为一个客户进行配货服务，因此单一配货作业的主要内容是对货物进行组配和包装。一般来说，如果整托盘拣取的货物允许整托盘发运，那么需要进行固定作业，也就是用包装膜或绳索将物品固定在托盘上；如果整托盘拣取的货物不采取托盘运输，那么需要将货物先从托盘上卸下，然后将其进行捆装。对于整箱拣取的货物，一般需要进行打包作业；对于单件拣取的货物，应进行装箱作业，以免货物丢失或损坏。

2. 集中配货

集中配货，即同时为多个客户进行配货服务，通常比单一配货多了拆箱、分类的程序。

（五）加工作业

加工作业是指在货物从生产领域向消费领域流动的运输过程中，为提高物流效率和运输实载率而对货物进行的流通加工。

（六）出货复核

通过出货复核，可以保证出库货物数量准确、质量完好、包装完整，以杜绝差错的发生。

1. 复核出库凭证

复核出库凭证主要是审查货物出库凭证有无伪造编造、是否合乎规定手续、各项目填写是否齐全等。具体内容如下：

（1）出库凭证有无涂改、过期。

（2）出库凭证中各栏项目填写是否正确、完整等。

（3）出库凭证中的字迹是否清楚。

（4）印鉴及签字是否正确、真实、齐全。

（5）出库货物应附的技术证件和各种凭证是否齐全。

2. 复核货物实物

复核货物实物的内容包括：

（1）核对货物的品种、规格、牌号、单位、数量与凭证是否相符。

（2）核对货物的包装是否完好，外观质量是否合格。

3. 复核账货结存情况

复核时，仓库保管人员应对配货时取货的货垛、货架上货物的结存数进行核对。检查数量、规格等与出库凭证上标明的账面结存数是否相符，并要核对货物的货位、货卡有无问题，以做到账、物、卡相符。

4. 做好复核记录

复核完成后，仓库保管人员应该根据实际情况做好记录，并填写出库复核记录。

（七）包装

1. 待发货物包装

对待发货物包装有以下要求：

（1）对同一种货物，包装须尽量做到标准化，统一材料、统一规格、统一容量、统一标志和统一封装方法。

（2）根据货物外形特点选用适宜的包装材料，使其重量和体积便于装卸和搬运。

（3）包装要符合运输要求，做到牢固、稳定，并采取适当的防潮、防震措施。

（4）在不影响运输及搬运效率的前提下，尽量只对同一类货物进行混合包装，严禁将互相影响或性能互相抵触的货物混合包装。

（5）充分利用包装的容积，节约包装材料。

2. 待发货物刷唛

刷唛是指印刷唛头，唛头通常由图形、字母、数字及简单的文字组成，其作用在于使货物在装卸、运输、保管过程中容易被有关人员识别，以防错发、错运。唛头的内容繁简不一，由买卖双方根据货物特点和具体要求商定，其主要内容一般包括收货人代号、发货人代号、目的港（地）名称、件数、批号，有的还包括原产地、合同号、许可证号、体积和重量等内容。

对于包装好的货物，仓库保管人员应在其外包装上印刷或标打唛头，并根据需要在相应的位置印刷或粘贴条形码。这些工作完毕后就可以向接货人交货了。

（八）清点交接

向接货人员交货时，仓库保管人员应按照出库凭证逐笔向接货人员清点，然后将货物交给接货人员。交清后，仓库保管人员须在出库凭证上签名，并加盖"物品付讫"日戳，同时给接货人员开具出门证，以便门卫放行。

（九）登账记录

交货后，仓库保管人员应做相应的登账记录。其要点如下：

（1）整理并统一保管出库凭证，然后根据出库凭证填写货物库存账。

（2）复核货物保管卡，确保账、物、卡相符。

（3）整理货物档案，并依据该批货物出入库的情况、保管方法和损耗数量总结保管经验。

（十）现场清理

仓库保管人员应在货物出库后对仓库现场进行清理，具体工作主要有以下几个方面：

（1）根据储存规划对货物进行并垛、挪位，腾出新货位，以备新到货物存放。

（2）清扫发货现场，使其保持清洁、整齐。回收用过的苫垫材料并将其妥善保管，以使其能够循环利用。

（3）清查发货设备和工具有无丢失、损坏。

（4）清理完毕后，应整理出入库、保管保养及盈亏数据等情况，并将这些情况记入档案，妥善保管以备查用。

（十一）出库后的问题处理

货物出库后，常见的问题处理方法如下：

（1）发货后，若客户反映存在规格混串、数量不符等问题，如确属发货差错，应及时纠正并致歉；如不属于发货差错，应耐心向客户解释清楚，请客户另找妥善的办法解决。

（2）凡属于易碎货物，发货后客户要求调换时，应以礼相待，婉言谢绝。如果客户要求帮助解决易碎配件，仓储业务部门要积极协助联系解决。

（3）凡属客户原因，型号、规格开错时，经制票人员同意方可退货。发货业务员应按入库验收程序重新验收入库，如果发现包装损坏或产品损坏，入库业务员不予办理退货。待修复后，再按入库质量要求重新办理入库手续。

（4）凡属货物质量问题，客户要求退货和换货时，应由质检部门出具质量检查证明、试验记录等书面文件，经货物主管部门同意后，方可退货或换货。

（5）退货或换货的货物必须达到验收入库的标准，否则不准入库。

（6）货物入库后，若收货员发现账实不符时，应及时查明原因，当确认发货有错时，要及时与提货人取得联系，进行核查，双方协商解决，以免造成损失。

五、智慧仓配技术在出库作业中的应用

（一）RFID技术在出库作业中的应用

货物出库时，需要在计算机系统中填写需要出库货物的申请单。仓库管理人员接到出库单后，可通过手持机或者查询服务器找出相应货物，并将货物放置到待出库区域，将贴有RFID电子标签的待出库货物通过进出通道被读写器识别后再进行装车；进出通道中读写器将识别到的RFID电子标签信息与出库申请单核对，确认装车货物是否符合一致，若不一致，则重复识别或补充缺货；系统自动更新货物信息（日期、材料、类别、数量等），并形成出库单明细。

要进行调拨移库的货物经过进出通道时，会被安装在通道旁的读写器识别，读写器会记录当前的标签信息，并将其发送至后台中心，后台中心根据进出通道识别RFID电子标签的先后顺序判断其为入库、出库还是调拨等；仓库管理员还可以通过手持机进行货物移位操作，当仓库管理员发现某个货物被放错位置时，可手动安放好货物，同时通过手持机更改标签信息并发送给服务

器，实现快捷便利的移位功能。

（二）WMS在出库作业中的应用

在出库作业时，由WMS下发出库任务，无人车间管理服务根据出库任务下发AGV调度指令，AGV根据指定线路前往指定库位，获取货物，将其送往指定出库区。配合PDA设备扫描审核，出现错误时会发出警报，库管人员应及时处理，最后把数据发送到系统中，更新数据库，完成出库。

同时，WMS向WCS发送出库指令，按照其指令中的出库数量和位置，WCS向监控系统发出出库申请，这时监控系统再向堆垛机发送指令，堆垛机按照指令进行加速、运行、减速和停止等运动，到达指定的取货位置。堆垛机对于指令位置的货物进行检查，如果发现没有指定的货物，则立即上报故障问题，随后进行取货作业，取货完成后，堆垛机需要运行到出库位置，在出库口较多的情况下，需要按照各个出库口的货物运输量大小执行命令，指定堆垛机将货物运往指定出库口。到达出库口时，堆垛机向输送机系统发出卸货申请，输送机系统将及时回复是否能够进行卸货作业，在条件允许的情况下进行卸货，堆垛机将货物放置在指定的卸货位置，完成卸货后，堆垛机恢复原位进行待机。

在这整套的入库和出库作业中，堆垛机执行的是WCS发布的指令，WCS和监控系统共同执行堆垛机运行情况的监控，如果发现这一过程中出现故障和误差，应及时根据系统分析给出解决方案，以确保过程顺利。

同步测试

一、单选题

1. （　　）是指仓储部门按照存货方的要求合理组织人力、物力等资源，按照入库作业程序，认真履行入库作业各环节的职责，及时完成入库任务的工作过程。
   A. 入库作业
   B. 仓储作业
   C. 出库作业
   D. 在库作业

2. 在仓库中，货物验收主要进行的是（　　）。
   A. 货物的数量、质量、包装检验
   B. 货物化学成分检验
   C. 货物的尺寸检验
   D. 货物物理性能检验

3. （　　）作业是仓储管理中的核心环节。
   A. 验收
   B. 入库
   C. 在库
   D. 出库

4. （　　）是货物储存阶段的终止，也是仓库作业的最后一个环节。
   A. 货物出库
   B. 货物入库
   C. 货物盘点
   D. 货物配送

5. 货主为了方便业务开展或改变储存条件，需要将某批库存物品自某仓储企业的甲库转移到该企业的乙库，这种发货形式是（　　）。
   A. 过户
   B. 送货
   C. 自提
   D. 转仓

二、多选题

1. 入库管理要进行（　　）作业。
   A. 入库准备
   B. 入库接运
   C. 入库验收
   D. 入库信息处理

2. 货物入库接运的方式包括（　　）。
   A. 车站、码头接货
   B. 专用线接货
   C. 仓库内接货
   D. 仓库自行接货

3. 一般按货垛的立面形状可分为（　　）。

A. 矩形货垛　　　　　　　B. 三角形货垛

C. 梯形货垛　　　　　　　D. 半圆形货垛

4. 对于原材料货物，存放时要求做好（　　　　　）工作。

A. 防湿　　　　　　　　　B. 防尘

C. 防霉　　　　　　　　　D. 防蛀

5. 下列选项中，属于单一拣选的有（　　　　　）。

A. 单人拣选　　　　　　　B. 分区接力拣选

C. 分区汇总拣选　　　　　D. 分区批量拣选

三、判断题

1. 仓储作业是指以存储、保管活动为中心，从仓库接收货物入库开始，到按需要把货物全部完好地发送出去的全过程。（　　　）

2. 入库通知单是指存货人给仓库的一种客户委托单据。（　　　）

3. 仓库在接到收货通知并确认其有效无误后，需要在货物到达之后再与采购部门或供货商联系。（　　　）

4. 货垛堆放的最大高度与库房、货棚屋顶之间的距离称为顶距。（　　　）

5. 出库时应审验的出库凭证包括提货单和出库单。（　　　）

综合实训

货物堆码方式设计

一、实训目的

通过组托方案的设计，学生能够对实际存储过程中货物的堆垛方式进行选择和设计。

二、实训步骤

1. 了解货物信息：某仓库接到入库任务，有7种货物将入库，需要对即将入库的货物设计堆码方式。入库货物如表4-3所示。

表4-3 入库货物信息表

序号	货物编号	货物名称	规格型号	单位	单价/元	数量	外包装尺寸/mm
1	D001	康师傅矿泉水	550 mL×24瓶	扎	2/瓶	100	350×220×220
2	F001	统一小当家	35 g×48包	箱	1/包	36	250×400×130
3	F002	乐吧薯片	68 g×16包	箱	5/包	60	320×230×260
4	F003	华丰魔法士	360 g×48包	箱	1/包	100	410×290×140
5	W001	汉斯小木屋果啤	620 mL×9瓶	扎	3/瓶	60	250×250×280
6	W002	惠普彩色显示屏	4.5 kg×1台	台	2 500/台	16	490×380×148
7	W003	美汁源果粒橙	1.25 L×12瓶	箱	3/瓶	20	370×300×280

2. 方案讨论：选择合适的托盘堆码方式，应做到尽可能节省托盘数量，尽可能多地往托盘上堆放，但是货物不能超出托盘的边缘，除特殊货物外，一般安全高度不超过1.5 m。堆放要整齐，不能出现重心偏移、倾斜等情况。根据货物具体情况选择合适的堆码方式，画出堆码方式设计图，包括奇数层和偶数层的俯视图。

三、实训要求

1. 将全班分成若干组，每组设组长一名。
2. 每组同学积极参与讨论，将讨论所得方案面向全班同学进行分享。

四、实训成绩

每位学生的成绩由两部分组成：课堂讨论成绩（30%）和总结成绩（70%）。

第五章

智慧配送

学习目标

//素养目标//
- 培养智慧配送从业者吃苦耐劳的素养
- 培养智慧配送从业者的工匠精神
- 树立智慧配送从业者的创新意识

//知识目标//
- 掌握智慧配送的基本作业流程
- 熟悉智慧配送作业中问题的处理方法

//技能目标//
- 能够做好智慧配送作业中的准备工作
- 能够掌握智慧配送作业的基本标准
- 能够进行配送线路优化设计

思维导图

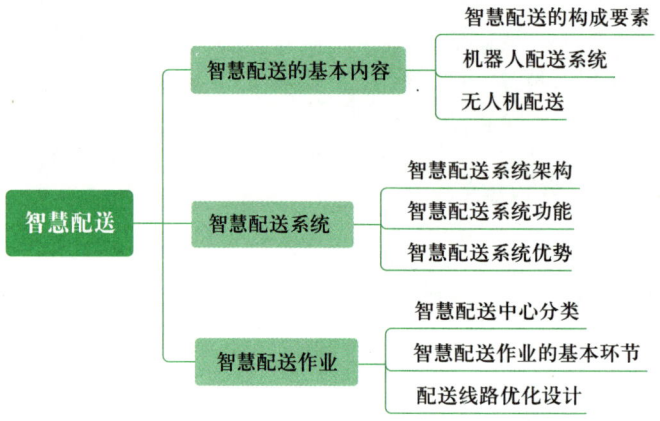

京东无人智慧配送站

　　2018年7月，京东公司无人配送站在西安落成并投入使用。该无人配送站面积为14.4平方米，能存储至少28个货箱及1台终端无人车。配送站运行时，货物由无人机送至配送站顶部并自动卸货，配送站内部自动对货物进行中转、分发，全程由机器人操作，最后由终端无人车完成配送。终端无人机、无人车是解决城乡"最后一公里"配送难题的重要手段，无人智慧配送站则成为两者互相连接，实现全程无人配送的中转站。

　　京东无人智慧配送站适用于城乡山区等多种环境，它不仅是管理、连接无人机和无人车的手段与桥梁，还兼备自提、退换货、收发件等服务。无人智慧配送站的广泛应用，将为社会创造更加智慧、更加便捷的购物环境。

　　随着无人机、无人车、机器人等智能化设备的应用，京东无人智慧配送站让物流配送的全流程无人化成为常态。用智能化设备的无缝对接解决电商业务复杂场景中的问题，无论在国内还是全球，京东已经且继续在开创行业标准。智慧物流体系将为"无界零售"时代到来提供强力支撑，为全球智慧物流变革提供实践样本和技术支撑。

【引例分析】

　　智慧配送进一步强调了自动化在配送过程中的作用。信息化、自动化、协同化、敏捷化、集成化贯穿于配送活动中，使配送活动更加便捷、更加高效。京东正是利用了智慧配送的这一特点，通过无人配送站的应用和推广，使得京东的配送效率和经济效益得到了持续的提升。

第一节

智慧配送的基本内容

　　从经济学资源配置的角度来讲，配送是指以现代送货形式实现资源最终配置的经济活动；从配送的实施形态来讲，配送是指按客户订货需求进行货物配备，并以合理的方式将货物送交客户的经济活动。

由此可见，配送不仅是送货，它是分货、配货、送货等活动的有机结合体。配送的工作难度大，只有依靠先进的技术手段和经营理念才能提升其效率。

数字经济时代信息技术的发展，以及设备的革新，为配送智慧化的实现提供了可能。智慧配送，实际就是依赖智能化技术和设备，建立的现代化配送作业系统。

一、智慧配送的构成要素

按照智慧配送作业流程，智慧配送主要包含七个构成要素，如图5-1所示。

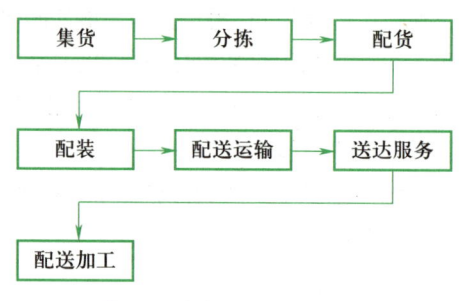

图5-1　智慧配送的构成要素

（一）集货

集货是指将分散的或小批量的物品集中起来，以便于统一运输和配送的活动。为了满足小部分客户的特定配送需求，有时可能需要将几家甚至数十家供应商的货物集中起来，并将其配送至指定地点。

集货是智慧配送的重要环节，也是智慧配送的准备工作。尽可能地集中客户的需求，是配送管理竞争力的核心构成要素。

（二）分拣

分拣是指将货物按品种及出入库顺序等要素分别堆放的活动。分拣是智慧配送的特殊环节，也是决定智慧配送效率的重要支持性工作，智慧配送效率的提升，首先就在于分拣效率的提升。只有做好分拣工作，后续配货、送货才能高效进行。

（三）配货

配货是指使用各种拣选和传输设备，将存放的货物按需求分拣出来，并进行打包的活动。

（四）配装

配装是指对不同客户的配货进行合理搭配装载，使车辆负载能力得到充分利用的活动。配装能够极大地提升智慧配送水平、降低配送成本，但配装时也需要足够的配装设备和技巧。

（五）配送运输

配送运输是指将配装后的货物运送至客户指定地点的活动。面对较为复杂的交通路线，如何将配装运输和合理的路线有效搭配，设计出合理的配送路线，是智慧配送管理的重要问题。

（六）送达服务

送达服务是指将货物送到客户手中的活动。在实际配送过程中，由于配送时间与客户收货时间难以有效协调，当货物到达客户指定地点时，客户可能无法接收。因此，送达服务也需要确定卸货地点、卸货方式，确保货物能够一次送达，避免二次配送。

（七）配送加工

配送加工是指按照客户的要求进行流通加工的活动，如大包装货物的小包装分装加工等。配送加工在智慧配送构成要素中并不具有普遍性，但作为一项重要的附加功能，有效的配送加工服务能够极大地提高客户满意度。

二、机器人配送系统

智慧配送环节包含大量的管理要素，也涉及复杂的运筹和决策问题，如货物的配装和路线的选择，乃至整个配送中心的管理等。在要求配送管理降本增效的当下，智能化趋势是不可回避的。

（一）机器人配送系统的组成

机器人配送系统的组成包括机器人、集散中心、数据中心、软件系统等。

（1）机器人：由高性能的电子机器人设备和智能控制系统组成，能够实现自主导航和货物搬运。

（2）集散中心：负责存储、管理货物，并根据需求进行智能调度和分配任务给机器人。

（3）数据中心：用于分析和管理物流数据，优化配送路径并提供实时监控。

（4）软件系统：包括机器人导航软件、调度系统和数据分析软件，可以实现集中管理和控制。

（二）机器人配送系统的工作原理

机器人配送系统通过任务分配、自主导航、货物搬运、实时监控来实现智慧配送。

（1）任务分配：集散中心接收订单信息后，根据货物属性、优先级和目的地等因素，将任务分配给合适的机器人。

（2）自主导航：机器人通过激光雷达、摄像头等传感器自主感知周围环境，并根据预设的地图进行路径规划和避障。

（3）货物搬运：机器人根据任务要求，在集散中心将货物装载至载物台上，然后按照指定路径前往目的地进行卸货。

（4）实时监控：数据中心通过与机器人的通信，实时获取机器人位置、工作状态等信息，以便及时调度和监控。

（三）机器人配送系统的操作流程

机器人配送系统的操作流程包括下单、订单处理、货物搬运、配送完成，以及监控与反馈。

（1）下单：用户通过指定的渠道下单，填写货物信息、目的地等必要信息。

（2）订单处理：集散中心接收订单后，根据库存情况和机器人工作状态，进行订单处理，并进行任务分配。

（3）货物搬运：机器人按照任务要求前往集散中心的指定区域，将货物装载至载物台上。

（4）配送完成：机器人按照预设路径和导航系统的引导，将货物准确配送至目的地，并完成卸货。

（5）监控与反馈：数据中心实时监控机器人的工作状态和位置，并将相关信息反馈给集散中心和用户。

（四）配送机器人的应用

目前，在智慧配送方面已经有较为成熟的实践经验，配送机器人的新科技、新产品也层出不穷，如图5-2所示。虽然配送机器人在全流程的应用仍然处于试点阶段。但在分拣和配货环节，配送机器人早已被广泛应用。

图5-2　配送机器人

配送机器人处于智慧物流体系生态链中的终端，其面对的配送场景非常复杂，需要应对各类订单配送的现场环境、路面、行人、交通工具等各类场景，进行及时有效的决策并迅速执行，这需要配送机器人具备高度的智能化和自主学习的能力。

配送机器人的感知系统十分发达，除装有激光雷达、GPS定位外，还配备了全景视觉监控系统，前后的防撞系统以及超声波感应系统，以便配送机器人能准确感触周边的环境变化，预防交通事故的产生。

配送机器人拥有基于认知的智能决策规划技术。遇到障碍物时，在判断障碍物的同时可准确判断行人位置，并判断出障碍物与行人运动方向与速度，通过不断深度学习与运算，做出智能的行为决策。目前，配送机器人具有以下能力：能安全通过红绿灯路口，包括有红绿灯的路口和没有红绿灯的路口；能自主规划安全借道行驶；能避让来车和行人；能礼让横穿的行人和车辆，安全避道行驶；能精准停泊。

1. 配送机器人的技术

（1）机器人移动技术，包括轮式移动、腿式移动、履带式移动等，可以实现配送机器人的自主移动和定位。

（2）机器人感知技术，包括视觉、声音、触觉、力觉等感知技术，可以实现配送机器人的环境感知和障碍物避障。

（3）机器人控制技术，包括路径规划、运动控制、任务规划等控制技术，可以实现配送机器人的自主导航和任务执行。

2. 配送机器人的应用场景

（1）快递配送，包括快递包裹的搬运、分拣、配送等环节，可以提高配送效率和准确性。

（2）物流仓储，包括货物的搬运、分拣、存储等环节，可以提高仓储效率和准确性。

三、无人机配送

无人机配送，是指通过利用无线电遥控设备及其自备的程序控制装置操纵的无人驾驶的低空飞行器运载包裹，自动送达目的地的配送方式，如图5-3所示。其优点主要在于能够解决偏远地区的配送问题，提高配送效率，同时减少人力成本。其缺点主要在于恶劣天气下无人机难以完成送货；在飞行过程中，有可能遭受人为破坏等。目前，无人机配送在顺丰快递派送中已有试点应用，但未大范围使用。

图5-3　无人机配送

（一）无人机配送的工作原理

无人机配送的工作原理主要包括以下几个方面。

（1）航行系统：无人机通过先进的GPS定位技术、惯性导航系统和遥控设备等实现空中航行，完成货物的快速配送。

（2）遥控设备：无人机配备有专业的遥控设备，可以实现远程操控、实时监控等功能。

（3）充电系统：无人机配备有高效的充电系统，可以快速充电并保证长时间航行。

（4）货仓系统：无人机配备有贮存货物的货仓系统，可以快速装载和卸载货物。

（二）无人机配送的工作流程

无人机配送的工作流程主要包括以下几个步骤。

（1）货物装载：将需要配送的货物装载到无人机的货仓系统中。

（2）起飞：无人机启动航行系统，起飞升入空中，并按照预设的路线进行航行。

（3）空中运输：无人机根据货物的目的地自动飞行到指定地点，将货物卸载。

（4）返航：无人机在完成任务后返航到指定地点，等待下一次任务的分配。

（5）充电：无人机在完成任务后进行充电以保证下次任务的顺利执行。

（三）无人机配送的快递收发流程

根据无人机的续航能力、快递业务量的地理分布、实时通信的可靠性、系统的容积能力以及建设成本等诸多因素的综合考虑，将整个配送范围划分为若干区域，区域内部独立运作，区域之间协同运作。

1. 区域内快递收发

自助快递柜在接收用户放入的快递后向调度中心发送收件信息，调度中心通过决策挑选出合适的无人机，并向无人机发送任务指令以及目的坐标，无人机收到指令后飞往目标地，调度中心将引导无人机着陆并自动装卸快递，快递在送达目的快递柜之后，快递柜向用户发送取件短信。区域内快递收发流程如图5-4所示。

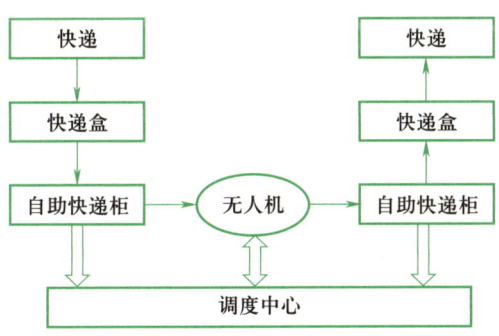

图5-4　区域内快递收发流程图

2. 区域间快递收发

调度中心在收到发往其他区域的快递信息后，将指引无人机收件后就近送往本区域的快递集散分点，分点自动将快递按区域分类，并装箱后送往机场，由飞机送往目的区域的快递集散基地，基地在收到快递箱以后先将其拆分，再集中将同一片区的快递送往该片区的快递集散分点，然后由调度中心调度无人机送往目的快递柜。区域间快递收发流程如图5-5所示。

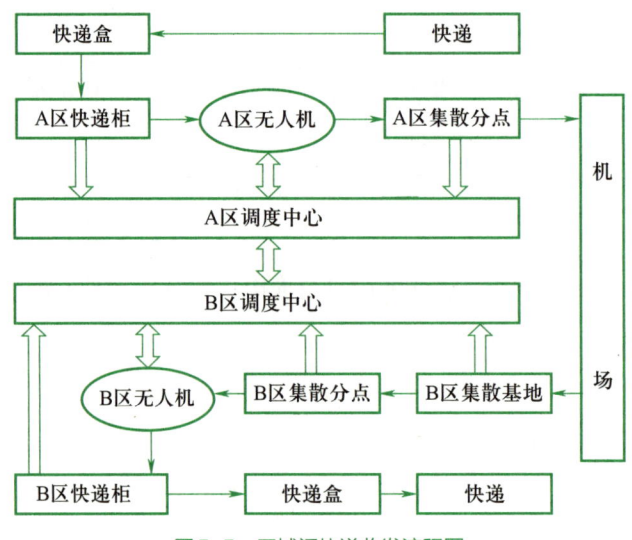

图5-5 区域间快递收发流程图

3. 无人机配送调度策略

无人机配送调度策略的核心是建立无人机状态列表，包括无人机编号、当前坐标、当前任务状态、运行状态、续航能力等。此外，还应建立快递柜状态列表，包括快递柜编号、地理坐标、运转状态、拥塞程度等。无人机配送调度的过程如图5-6所示。

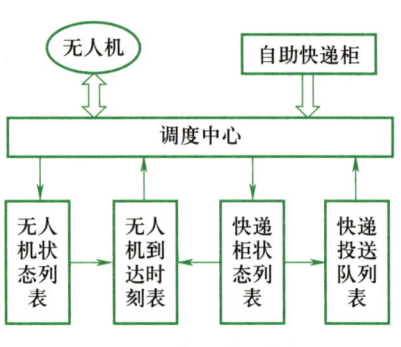

图5-6 无人机配送调度流程图

无人机配送调度流程的步骤如下：

（1）无人机实时向调度中心发送状态信息，调度中心实时更新无人机状态列表。

（2）快递柜收到快递后向调度中心发送收件信息，调度中心更新快递投送表。

（3）从投送表中取出优先级最高的快递编码，确定所在的快递柜编号和目的快递柜编号。

（4）从无人机到达时刻表中取出具备续航能力且最快到达的无人机编号。

（5）调度中心向无人机发送指令，给出收件坐标位置和投件坐标位置。

（6）无人机到达目标位后，向快递柜发送着陆请求。

（7）通过卫星定位系统，快递柜精确引导无人机对接着陆装卸快递。

（8）无人机装卸后将向调度中心发送快递到位报告（无人机收件成功或快递送达目的地）。

（9）如无人机任务未完成，或有其他任务需要继续执行，将继续飞往目的快递柜投送快递，或在此快递柜收件，或飞离此快递柜。

（10）快递柜会在收到其他无人机发出着陆请求时发出让位指令，无人机如无其他任务，将接收快递柜引导停靠临时停机台的让位指令。

（11）在快递入柜后，快递柜将向调度中心发送快递到位确认报告，并同时向用户发送手机短信，提醒用户及时收取，内容包括提取密码以及超时收费和退还原地的提示。

（12）超过系统设定时限未被取走的快递将按照无人查收的方式退回原地，并短信通知用户。退回后超时无人取走的快递将被送往就近的集散分点储存。

智慧仓配与中国经济
百胜物流配送优化

中国百胜餐饮集团（以下简称"百胜"）建立和管理着自己的物流网络，该集团在全国设有十几个一级、二级配送中心，物流配送网络遍及全国的260多个城市。百胜从1987年进入中国到现在，一直找不到一家理想的第三方物流公司，因此创造了业内公认的灵活而实用的物流运营模式，即"自营物流服务＋供应商提供物流服务＋第三方物流服务"。百胜的自营物流服务比例占50%，主要进行核心城市和餐厅密集型区域的核心产品及有特殊要求的产品的物流配送，如必胜客餐厅的沙拉、肯德基餐厅的薯条等。百胜设有16个配销中心，物流配送网络已遍及国内400多个城市，为旗下的2 300多家餐厅提供配送服务。所配送的产品从烹饪用具到鸡翅、新鲜蔬菜、食用油、纸杯、吸管等，可谓一应俱全。第三方物流服务的比例占40%，主要是针对分散的区域及对温度要求不是很高的产品提供服务。供应商提供物流服务的比例占10%。如湖南省长沙市有一家面包供应商，餐厅只需要将订单以电子邮件方式传至DC（配送中心）客户服务部，客户服务部收到邮件后将餐厅订单导入

DIMS（文件管理）系统，仓储部依据DIMS中心打印各餐厅所需货物的备货单，进行备货及装车工作；运输部依据DIMS中心打印各餐厅送货单，安排车辆和行车路线，然后将货物运往餐厅，餐厅接收货品并签署相应送货单。

对于连锁餐饮企业来说，由于原料价格相差不大，物流成本始终是企业竞争的焦点，但是靠物流手段节约成本并不容易。作为肯德基、必胜客等业内巨头的指定物流提供商，百胜物流抓住运输环节大做文章，通过合理的运输排程、降低配送频率、实施歇业时间送货等优化物流管理方法，有效降低了物流成本，为业内管理者指出了一条细致而周密的降低物流成本之路。

第二节
智慧配送系统

智慧配送系统是指一种以互联网、物联网、云计算、大数据等先进信息技术为支撑，在配送的各个环节实现系统感知、全面分析、及时处理和自我调整等功能的现代综合性物流系统，具有自动化、智能化、可视化、网络化、柔性化等特点。发展智慧配送系统，是适应柔性制造、促进消费升级，实现精准营销，推动经济发展的重要支撑，也是物流业发展的趋势和竞争制高点。

一、智慧配送系统架构

智慧配送系统的基本架构包括物联网传感器、数据传输与处理平台、配送中心以及App等核心模块。

1. 物联网传感器

物联网传感器负责采集配送过程中的各种数据，如货物的温度和湿度、位置信息、车辆的行驶速度、油耗等。这些传感器与传输设备相连，将数据传输到数据传输与处理平台。

2. 数据传输与处理平台

数据传输与处理平台负责接收、存储、处理和分析从传感器中收集的数据。它可以利用大数据分析技术，结合历史数据和实时数据，进行运输路线的优化、配送时间的安排和货物的追踪等操作。同时，此平台还可以提供客户统计报表和数据分析图表等数据，方便管理人员对配送过程进行监控和分析。

3. 配送中心

配送中心是整个智慧配送系统的核心，负责物流信息的管理和配送过程的监控。它可以通过数据传输与处理平台实时获取配送的信息，包括货物的实时位置、配送订单的状态等。配送中心通过对系统的控制，可以对配送过程进行调度和管理，根据当天的需求，合理安排配送路线和车辆，提高配送效率。

4. App

App是智慧配送系统的界面入口，它主要面向配送员和客户。配送员可以通过手机上的App实现查看配送任务、获取路线导航、上传配送信息等功能，实时反馈物流信息，减少沟通成本和错误率。客户可以通过App查询配送进度、评价配送质量等，提高使用体验。

二、智慧配送系统功能

智慧配送系统基于以上的系统架构，可以实现以下功能：

1. 实时监控和管理

通过数据传输与处理平台和配送中心，实时监控物流过程，包括货物的位置、配送单的状态等。系统可以提供实时报警功能，当出现异常情况时，及时通知相关工作人员。

2. 路线优化和配送调度

通过大数据分析和智能算法，根据历史数据和实时数据，对配送路线进行优化和调整，提高配送效率，减少车辆的行驶距离和时间。

3. 货物追踪

通过物联网传感器和数据传输与处理平台，可以对货物进行实时追踪和监测。客户可以通过App查询货物的位置和配送进度，提高配送的可视化和透明度。

4. 客户评价和反馈

通过App，客户可以对配送员和配送质量进行评价和反馈。配送员的评价和反馈可以用来改进配送服务，提高客户满意度。

5. 统计报表和数据分析

数据传输与处理平台可以提供客户统计报表和数据分析图表，对配送过程进行分析和管理。

三、智慧配送系统优势

智慧配送系统相比传统的人工配送管理方式，具有以下优势：

1. 提高配送效率

通过智能算法和路线优化，减少车辆的行驶距离和时间，提高配送效率。系统还可以实时监控和调度物流过程，减少配送延误和错误。

2. 降低成本

智慧配送系统的优化算法可以减少运输成本，减少车辆的行驶里程和燃油消耗。另外，通过对配送过程的实时监测和管理，能够减少货物的损坏和遗失，降低配送成本。

3. 提升客户体验

客户可以通过App实时查询货物的位置和配送进度，提高配送的可视化和透明度。同时，客户可以对配送质量进行评价和反馈，促进服务的改进，提升客户体验。

4. 数据分析决策

通过智慧配送系统进行的大数据分析和数据处理平台提供的统计报表和数据分析图表，管理人员可以对配送过程进行监控和分析，进行业务决策，优化配送策略。

第三节
智慧配送作业

一、智慧配送中心分类

根据配送货物特性及配送作业流程的不同，智慧配送中心可以分为以下几类：

（一）常规型配送中心

常规型配送中心的一般作业流程就是配送活动的典型作业流程。在市场经济条件下，客户所需要的货物特性和配送服务形态不一样，这使得配送中心的种类很多，内部结构和运作方式也不相同。一般来说，中小件品种，规格复杂的货物更为常见。所以，常规型配送中心的一般作业流程多以中小件杂货配送流程为代表。这种类型的配送活动服务对象繁多，配送作业流程复杂。

这种配送中心应当满足容纳一定储存量的要求。它属于有储存功能的配送中心，对理货、分类、配货、配装功能要求较高，但一般来说，很少有流通加工功能。在实际应用中，配送固体化工产品、小型机电产品、日用百货、五金工具、书籍等可以选择这种配送中心。

（二）不带储存库的配送中心

不带储存库的配送中心主要以配送为职能，而将储存场所，尤其是储存大量货物的场所转移到配送中心之外的其他地点，如专门设置的补货型存储中心。这种类型的配送中心不单设储存区，只有满足一时配送之需的暂存备货，而无大量库存。

这种配送中心的作业流程和常规型配送中心作业流程大致相同，主要工序及主要场所都用于理货、配货，区别在于前者将大量的储存场所设置于配送中心外部而不在其中。这种类型的配送中心，由于没有集中储存的仓库，占地面积比较小，可以节省对仓库、货架等设施和设备的巨额投资。至于补货仓库，既可以采取外包的形式及协作的方法来解决，也可以自建补货中心。在实际运作过程中，若干个配送中心可以联合，共同建立一个更大规模的集中储存型补货中心。在信息比较完善、信息资源丰富、市场比较发达的条件下，还可以采取虚拟库存的方法来解决补货问题。

（三）加工配送型配送中心

由于加工方式不同，加工配送型配送中心的作业流程也有所区别。在这种类型的配送中心里的货物一般是大批量、单一品种的产品，无须分类存放。储存后按客户的要求加工。由于加工后便按客户要求分放、配货，所以这种类型的配送中心不单设分货、配货和拣货环节。有时候加工、分货、配货和拣货环节可以合并为一道工序。在加工配送型配送中心里，加工是主要作业环节，配送中心加工场地及加工后分放货物暂存区的区域面积较大。

（四）批量转换型配送中心

批量转换型配送中心一般是指将批量大、品种单一的进货转换成小批量发货的配货中心。在这种类型的配送中心里，产品换装、分包是主要作业环节，如不经加工的煤炭和不经加工的水泥、油料的配送中心。

这类配送中心的作业流程非常简单，基本不存在分类、拣选、分货、配货、配装等工序，但由于大量进货，储存能力较强，储存及装卸作业是其主要作业内容。

二、智慧配送作业的基本环节

在物流配送中心，不论是机械化的物流系统，还是自动化或智能化的物流系统，如果没有正确有效的作业方法，那么不论多么先进的系统和设备，也未必能取得最佳的经济效益。综合上述配送中心的作业流程，可以将智慧配送作业环节归纳为以下几步。

（一）进货作业

进货作业是配送中心顺利实施智慧配送业务活动的第一步，进货作业的基本流程是：确定进货目标→货车到达→卸货→拆装→分类货品→检查单据、传票等文件→在进货单上记录进货→验收检查货物→进货正确记录→指派入库位置。

（二）订单处理作业

订单处理作业是指从接到客户订货开始到仓库着手准备拣货为止的作业阶段，通常包括订单资料确认、存货查询、单据处理等。订单处理是与客户直接沟通的作业阶段，对后续的拣货作业、配送加工作业会产生直接影响。订单处理有人工处理和计算机处理两种形式。

（三）拣货作业

拣货作业是指按订单拣选客户所需要的货物的业务活动。按订单拣选的货物各种各样、千差万别，各种配送中心的拣选内容和方法也不相同。一般在多品种、小批量的配送中心，有3 000～5 000种按订单拣选的货物；而像汽车零件那样的配送中心，其库存品种有100 000种以上。按订单拣选货物的拣货作业要投入仓库作业50%以上的人力，占配送中心全部作业时间的30%～40%。因此，拣货作业是决定配送中心经营效率的重要环节。

（四）补货作业

与拣货作业息息相关的是补货作业，实施补货作业的目的是保证拣货区有货可拣。补货作业是指将货物从保管区移到拣货区或配货区，并对此移库作业进行信息处理的活动。

1. 补货作业的类型

补货作业必须满足两个前提，即"确保有货可配"和"将待配货物放置在存取都方便的位置"。常见的补货作业的类型有以下两种：

（1）流动补货。流动补货是指将货物从保管区移至流动式货架，由流动式货架向货物拣选作业区进行补货，如图5-7所示。

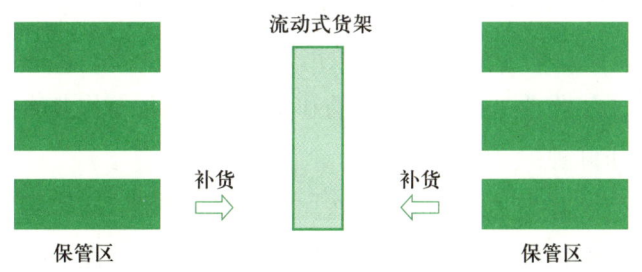

图5-7　流动补货示意图

（2）移动补货。移动补货是指将货架的上层作为储存区，下层作为拣货区，商品由上层货架向下层货架补货，如图5-8所示。

2. 补货作业方式

补货作业的发生与否主要看拣货区的货物存量是否充足。应尽量避免出现拣货中途发现要拣选的货物存量不足的局面。常用的补货作业方式有批次补货、随机补货和定时补货。

（1）批次补货。在每天或每一批次拣取之前，经计算机计算所需要的货物的总拣取

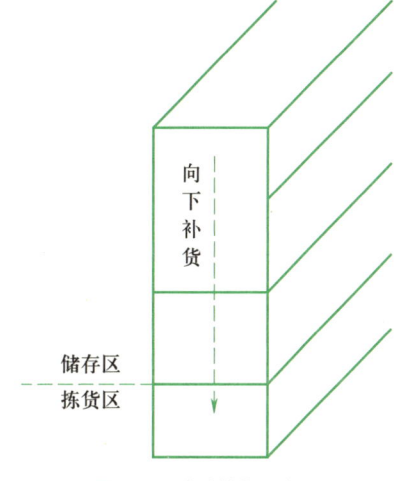

图5-8　移动补货示意图

量，再查看拣货区的存货量，计算差额并在拣货作业开始前补足货物。这种补货方式比较适合一天内作业量变化不大，紧急追加订货不多，或每一批次拣取量大，因而可事先掌握补货量的情况。

（2）随机补货。这是一种指定专人从事补货作业的方式，这些人员随时巡视拣货区，发现货物不足就随时补货。这种方式较适合每批次拣取量不大，紧急追加订单较多，以至于一天内作业量不易事先掌握的场合。

（3）定时补货。将每天划分为若干个时段，补货人员在不同时段内检查拣货区货架上的货品存量，如果发现不足，马上予以补足。这种补货方式适合分

批拣货时间固定且处理紧急追加订货的时间也固定的情况。

（五）配送加工作业

配送加工作业是指配送企业在配送系统内，按客户要求设立加工场所而进行的加工活动，如卷板展平、开片、下料、原木锯材、配煤加工、玻璃集中套裁等，力求把货物变为客户所需要的尺寸、规格或成分等。配送加工是流通加工的一种，但配送加工有不同于一般流通加工的特点。它只取决于客户的要求，加工的目的较为单一，但可取得多种经济效益和社会效益，如可以提高运输效率、降低消耗、减轻生产企业的负担、满足客户需要、提高配送质量。

由于配送加工作业具有不同的目的和作用，配送加工作业的类型也呈多样化，主要有以下几种：

（1）以保存产品为主要目的的配送加工。如水产品、蛋产品、肉产品为保鲜、保质而进行的冷冻加工、防腐加工等；丝、麻、棉织品的防虫、防霉加工等；为防止金属材料的锈蚀而进行的喷漆、涂防锈油加工等；木材的防腐朽、防干裂加工等；水泥的防潮、防湿加工等；煤炭的防高温、防自燃加工等。

（2）为适应产品多样化需求而进行的配送加工。为了满足客户对产品多样化的需求，同时保证高效率的社会化大生产，可将生产出来的标准产品进行多样化的改制加工。例如，对钢材卷板进行舒展、剪切加工，对平板玻璃按需要的规格进行开片加工，将木材改制成枕木、方材、板材的加工等。

（3）为方便消费而进行的配送加工。如根据需要将钢材定尺、定型，按要求下料；将木材制成可直接投入使用的各种型材；将水泥制成混凝土拌合料，使用时只需要稍加搅拌即可使用等。

（4）为提高产品利用率而进行的配送加工。例如，钢材的集中下料可充分进行合理下料、搭配套裁、减少边角余料，从而达到加工效率高、加工费用低的目的。

（5）为提高物流效率、降低物流损失而进行的配送加工。例如，自行车在消费地区的装配加工，可防止整车运输的低效率和高损失；将造纸用的木材磨成木屑的配送加工，可极大地提高运输工具的积载效率；集中煅烧熟料、分散磨制水泥的配送加工，可有效地防止水泥的运输损失，减少包装费用，提高运输效率；对天然气进行的液化加工，可使很难输送的气态物转变为容易输送的液态物，也可提高物流效率。

（6）为衔接不同输送方式、使物流更加合理而进行的配送加工。例如，散装水泥中转仓库把散装水泥装袋配送加工，满足了水泥厂大批量运输和工地小批量装运的需要。

（7）为方便配送而进行的配送加工。如混凝土搅拌车可根据客户的要求，把沙子、水泥、石子、水等材料按比例要求装入可旋转的罐中。在配送路途中，搅拌车边行驶边搅拌，到达施工现场后，混凝土已经搅拌好，可直接投入使用。

（六）配装作业

为了充分利用货车的容积和提高运输效率，配送中心常常把同一条送货路线上不同客户的货物组合、配装在同一辆载货车上，在理货和配货流程中还需要完成组配或配装作业。配装作业把多名客户的货物混载于同一辆车上进行配载，不但能降低送货成本，而且可以减轻交通压力。所以，配装作业也是配送系统中有现代特点的功能要素，是现代配送不同于以往送货的重要区别。

（七）送货作业

送货作业是配送活动的核心，也是备货和理货程序的延伸。在物流中，送货作业的现实形态实际上就是货物的运输。因此，常常以运输代表送货作业。

配送作业中的运输需要面对众多的客户，而且要多方向运动。因此，在送货过程中，常常需要进行运输方式、运输路线和运输工具的选择。按照配送合理化的要求，必须在全面计划的基础上，选取科学的、距离较短的货运路线，选择经济、迅速、安全的运输方式，选用适宜的运输工具。通常，配送中心进行送货作业都把汽车作为主要的运输工具。

（八）退货作业

退货作业是指配送中心按配送合同将货物发出后，由于某种原因，客户将货物退回企业，由企业对货物进行处理的活动。退货会减少企业的收入，降低利润，因此企业要了解导致退货的原因，加强运营管理，提高运营绩效。通常发生退货或换货的情形有以下几种：

（1）照协议退货。如客户与配送中心订有特别协议的季节性货物、试销货物、代销货物等，协议期满后，剩余货物将被退回配送中心。

（2）有质量问题的退货。如对于有瑕疵的货物，配送中心也将予以退换。

（3）搬运途中损坏退货。如对于包装不良、在搬运中受到剧烈振动、破损或包装污损等的货物，配送中心将予以退回。一般的食品或药品会有相应的有效期限，通常配送中心与供应商定有协约，货物的有效期一过，就予以退货或换货。过期货物的处理要花费大量的时间、费用和人力，无形中增加了运营成本。为此，配送中心必须做到适量订货，事前通过准确分析货物的需求，实施多次、少量配送，从而减少过期货物的配送；同时进货时要特别注意货物的生产日期，做到先进先出。

（4）次品回收。货物在设计、制造过程中存在问题，但在销售后才由消费者或经销商自行发现的。对于存在重大缺失的货物，必须立即部分或全部回收。

（5）货物送错退回。凡是条码、品种、规格、重量、数量与订单不符的货物，都必须换货或退回。

为规范退货作业，配送中心要制定一套符合企业标准流程作业的退货作业流程，以保证退货业务的顺利进行。退货作业流程如图5-9所示。

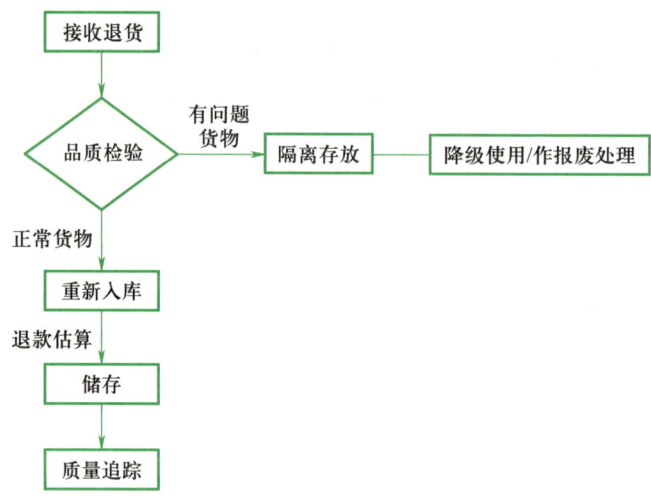

图5-9　退货作业流程

三、配送线路优化设计

对配送线路进行优化设计时需要考虑很多因素，如现有的道路网络分布，配送客户的地理分布，配送时的本地流量、道路施工，政府对某些线路的管制等。各种因素互相影响，容易造成送货不及时、服务水平下降、配送成本高等问题。配送线路优化设计的目的就是综合考虑影响配送运输的各种因素，适时适当地利用现有的运输工具，结合道路状况，及时、安全、方便、经济地将客户所需要的货物准确地送达，提供优质的物流配送服务。在配送线路优化设计中，需要根据不同客户群的特点和要求，选择不同的线路，最终达到节省时间、缩短运行距离和降低运营费用的目的。配送线路优化设计一般可分为直送式配送线路优化设计和分送式配送线路优化设计。

（一）直送式配送线路优化设计

当由一个配送中心向一个特定的客户进行专门送货时，如果客户的需求量接近或大于可用车辆的额定载重量时，需要专门派一辆车一次或多次送货，即为直送式配送。在进行直送式配送线路优化设计时，追求的是最短配送距离，从而节省时间、多装快跑，提高配送效率。因此，直送式配送线路优化设计，主要工作是寻找物流网络中的更短的线路。

（二）分送式配送线路优化设计

当由一个配送中心向多个客户进行共同送货，在同一条线路上的所有客户的需求量总和不大于一辆车的额定载重量时，由这一辆车装载所有客户的货物，沿着一条精心设计的线路依次将货物送到各位客户手中，即为分送式配送。这样既能保证按时按量将客户需要的货物及时送达，又节约了车辆，节约了行驶里程，节省了费用，缓解了交通压力。分送式配送线路可以采用节约里程法进行优化。

1. 节约里程法的基本思想

如果一个配送中心分别向若干个客户配送货物，在汽车载重能力允许的前提下，每辆汽车在配送路线上经过的客户个数越多，里程节约量越大，配送线路越合理。

2. 节约里程法的线路优化设计原理

设 P 点为配送中心所在地，A 点和 B 点为客户所在地，三者相互间的道路距离分别为 PA、PB、AB。送货时最直接的想法是利用两辆车分别为 A 点和 B 点进行配送，此时车辆的实际运行距离为 $2PA + 2PB$，运输线路如图 5-10（a）所示。然而，如果改用一辆车巡回配送，则运行的实际距离为 $PA + PB + AB$，如图 5-10（b）所示。当道路状况没有特殊规定时，可节约车辆运行距离为（$2PA + 2PB$）-（$PA + PB + AB$）= $PA + PB - AB$。根据三角形两边之和大于第三边的定理，即 $PA + PB - AB > 0$，这个节约量称为节约里程。

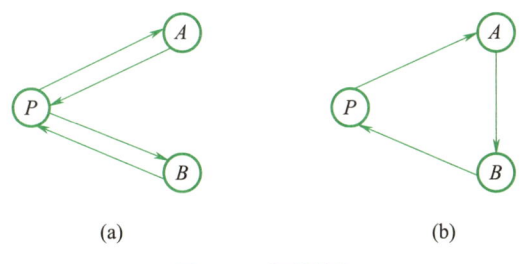

(a)　　　　　　　　(b)

图5-10　运输线路

节约里程法的基本规定为：该配送线路配送的是同种或相似的货物；各客户的位置及需求量已知；配送中心有足够的运输能力。

除此之外，还应满足以下条件：配送方案满足所有客户的要货需求；每辆车不能超载；每车每天总运行时间或行驶里程不能超出规定上限。

3. 节约里程法的求解过程

给若干个客户进行配送时，首先应计算包括配送中心在内的相互之间的最短距离，然后计算各客户之间的可节约的运行距离，按照节约的运行距离的大小顺序连接各配送地点，最终设计出配送路线。下面举例说明节约里程法的求解过程。

例：有一配送中心P点具有如图5-11所示的配送网络，其中A点-J点表示收货站，"（　　）"内数字表示货物发送量（吨），路线上的数字表示道路距离（千米）。为使行走距离尽量小，应该如何去求配送线路？假设配送中心能够利用的车有2吨车（即最大载重量是2吨）和4吨车两种，并限制车辆一次运行的最远距离是30千米。

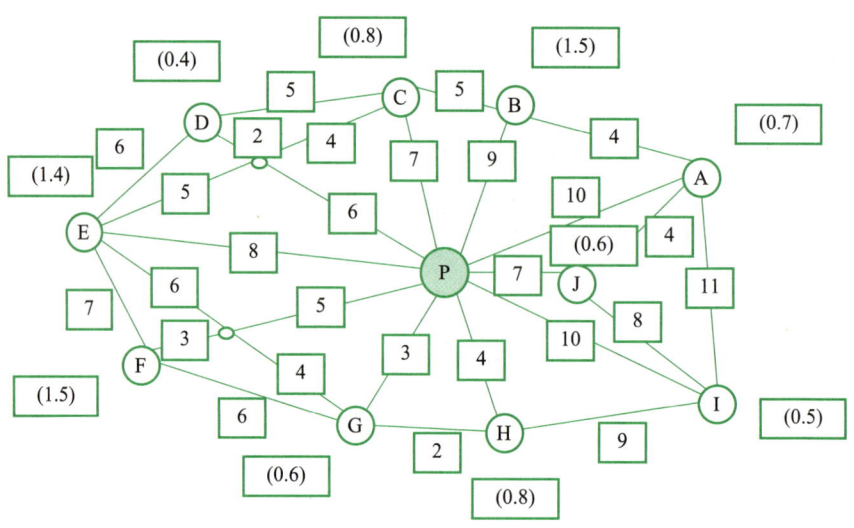

图5-11　配送中心P的配送网络

解：

（1）作出最短距离矩阵，即从配送网络图中计算出配送中心与收货点之间以及收货点相互之间的最短距离矩阵，如表5-1所示。

表5-1　最短距离矩阵　　　　　　　　　　　　　　　　　　　　　　　单位：千米

	P	A	B	C	D	E	F	G	H	I	J
P		10	9	7	8	8	8	3	4	10	7
A			4	9	14	18	18	13	14	11	4
B				5	10	14	17	12	13	15	8
C					5	9	15	10	11	17	13
D						6	13	11	12	18	15
E							7	10	12	18	15
F								6	8	17	15
G									2	11	10
H										9	11
I											8
J											

（2）作出节约里程项目，从最短距离矩阵中计算出各收货点之间的节约里程，如表5-2所示。

表5-2　节约里程项目　　　　　　　　　　　　　　　　　　　　　　　单位：千米

	A	B	C	D	E	F	G	H	I	J
A		15	8	4	0	0	0	0	9	13
B			11	7	3	0	0	0	4	8
C				10	6	0	0	0	0	1
D					10	3	0	0	0	0
E						9	1	0	0	0
F							5	4	1	0
G								5	2	0
H									5	0
I										9
J										

计算A－B的节约里程项目过程如下：

P—A的距离是a＝10千米；

P—B的距离是b＝9千米；

A—B的距离是c＝4千米；

节约里程项目为：a＋b－c＝10＋9－4＝15（千米）。

（3）将节约里程项目分类，再把节约里程项目由大到小顺序排列，如表5-3所示。

表5-3　节约里程项目分类顺位表　　　　　　　　　　　　　　　　　　　　　　　　单位：千米

顺位	连接线	节约里程	顺位	连接线	节约里程
1	A—B	15	13	F—G	5
2	A—J	13	13	G—H	5
3	B—C	11	13	H—I	5
4	C—D	10	16	A—D	4
4	D—E	10	16	B—I	4
6	A—I	9	16	F—H	4
6	E—F	9	19	B—E	3
6	I—J	9	19	D—F	3
9	A—C	8	21	G—I	2
9	B—J	8	22	C—J	1
11	B—D	7	22	E—G	1
12	C—E	6	22	F—I	1

（4）从节约里程项目分类表中，按节约里程大小的顺序组成线路图。

① 初次解。先把各点除直接与P点连接的线以外的线删去，如图5-12所示。

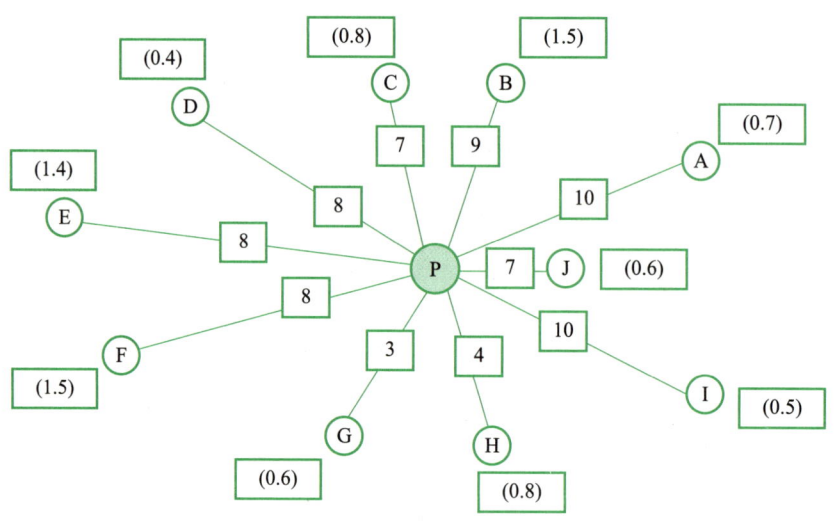

图5-12　初次解示意图

线路数：10条；

总行驶距离：（10＋9＋7＋8＋8＋8＋3＋4＋10＋7）×2＝148（千米）；

需要车辆辆数：2吨车10辆。

② 二次解。按节约里程由大到小的顺序，连接A—B、A—J、B—C，如图5-13所示。

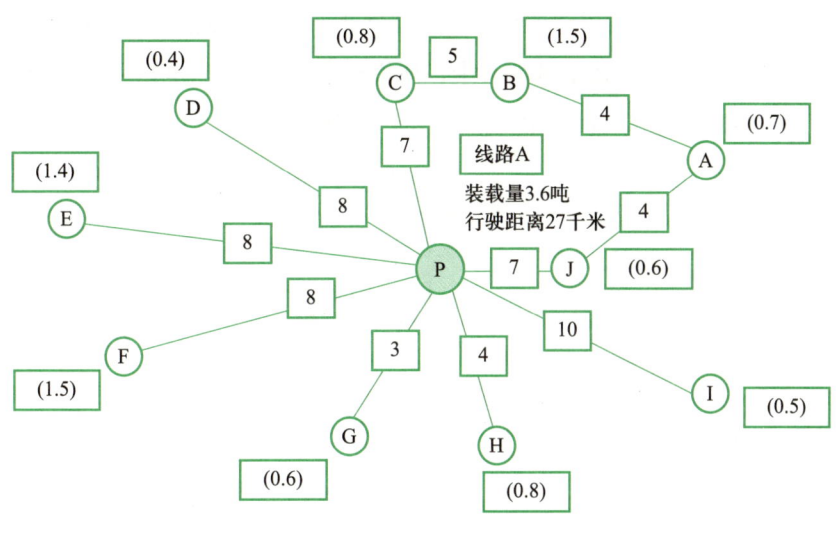

图5-13　二次解示意图

线路数：7条；

总行驶距离：148 − 15 − 13 − 11 = 109（千米）；

需要车辆辆数：2吨车6辆，4吨车1辆。

③ 三次解。其次节约里程最大的是C—D和D—E。C—D与D—E两者都有可能与二次解的线路A连接，但由于线路A的车辆载重量与行驶距离有限，不能再增加收货点。为此，略去C—D而连接D—E。如图5-14所示。

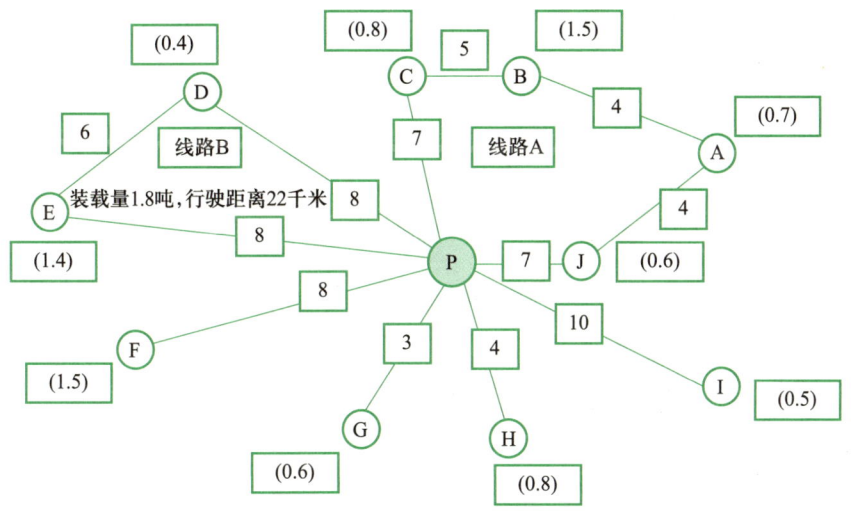

图5-14　三次解示意图

线路数：6条；

总行驶距离：109 − 10 = 99（千米）；

需要车辆辆数：2吨车5辆，4吨车1辆。

④ 四次解。按节约里程顺位排序，接下来节约里程大的是A—I和E—F。

由于A已组合在完成的线路A中，所以略去，不再增加收货点。为此，略去A—I而将E—F连接在线路B上。如图5-15所示。

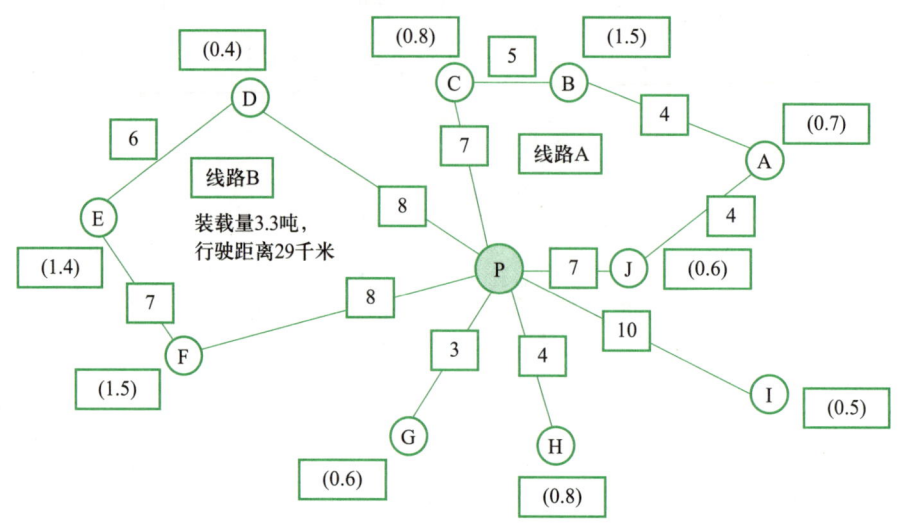

图5-15　四次解示意图

线路数：5条；

总行驶距离：99－9＝90（千米）；

需要车辆辆数：2吨车3辆，4吨车2辆。

⑤ 五次解。再继续按节约里程由大到小排出I—J、A—C、B—J、B—D、C—E。由于同一组总有一头或两头包含在已完成的线路A中，不能再作出新的线路。如图5-16所示。

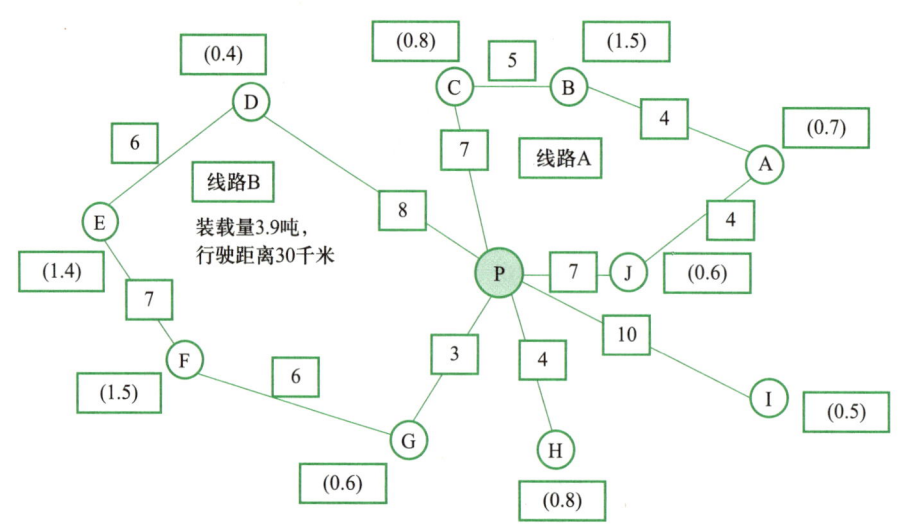

图5-16　五次解示意图

因此，只考虑把下一组F—G组合在完成的线路B中。

线路数：4条；

总行驶距离：$90 - 5 = 85$（千米）；

需要车辆辆数：2吨车2辆，4吨车2辆。

⑥ 最终解。按节约里程顺序排列下来是G—H。由于受车辆载重量与行驶距离限制，它不能组合进线路B中，故除去。连接H—I，作出线路C。如图5-17所示。

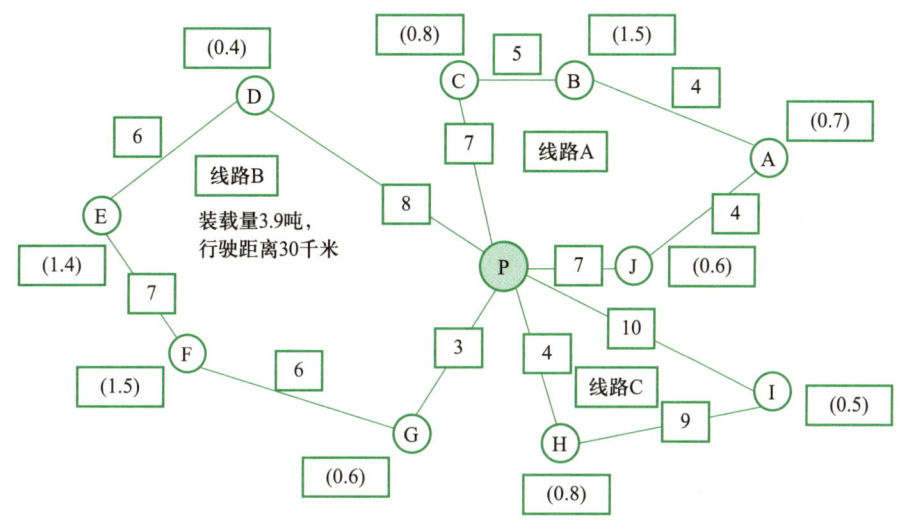

图5-17　最终解示意图

通过节约里程法，最终可得出三条优化后的配送线路。

线路A：4吨车1辆，总行驶距离27千米，装载量3.6吨。

线路B：4吨车1辆，总行驶距离30千米，装载量3.9吨。

线路C：2吨车1辆，总行驶距离23千米，装载量1.3吨。

这样整个配送线路优化完成，共3条线路总行驶距离80千米，必要车辆是2吨车1辆，4吨车2辆。

同步测试

一、单选题

1. （　　）是指将分散的或小批量的物品集中起来，以便于统一运输和配送的活动。为了满足小部分客户的特定配送需求，有时可能需要将几家甚至数十家供应商的货物集中起来，并将其配送至指定地点。

   A. 集货　　　　　B. 配货　　　　　C. 拣货　　　　　D. 外包

2. （　　）是指对不同客户的配货进行合理搭配装载，使车辆负载能力得到充分利用的活动。

   A. 配货　　　　　B. 配装　　　　　C. 分拣　　　　　D. 运输

3. （　　）是指按照客户的要求进行流通加工的活动，如大包装货物的小包装分装加工等。

   A. 配送加工　　　　　　　　B. 流通加工

   C. 机器人配送　　　　　　　D. 即时配送

4. （　　）是智慧物流体系生态链中的终端，面对的配送场景非常复杂，需要应对各类订单配送的现场环境、路面、行人、其他交通工具以及用户的各类场景，进行及时有效的决策并迅速执行。

   A. 配送机器人　　　　　　　B. 无人机配送

   C. 加工配送　　　　　　　　D. 即时配送

5. （　　）是一种以互联网、物联网、云计算、大数据等先进信息技术为支撑，在配送的各个环节实现系统感知、全面分析、及时处理和自我调整等功能的现代综合性物流系统，具有自动化、智能化、可视化、网络化、柔性化等特点。

   A. 机器人配送　　　　　　　B. 智慧配送系统

   C. 共同配送　　　　　　　　D. 无人机配送

二、多选题

1. 机器人配送系统的组成包括（　　　　）。

   A. 机器人　　　B. 集散中心　　　C. 数据中心　　　D. 软件系统

2. 配送机器人的技术主要包括（　　　　）。

   A. 机器人移动技术　　　　　B. 机器人感知技术

   C. 机器人控制技术　　　　　D. 机器人分拣技术

3. 配送机器人的应用场景主要包括（　　　　　）。

   A. 快递配送　　　B. 物流仓储　　　C. 医疗物流　　　D. 餐饮配送

4. 无人机配送的工作原理主要包括（　　　　　）。

   A. 航行系统　　　B. 遥控设备　　　C. 充电系统　　　D. 货仓系统

5. 智慧配送系统的基本架构包括（　　　　　）等核心模块。

   等作业运作与管理。

   A. 物联网传感器　　　　　　　　B. 数据传输与处理平台

   C. 配送中心　　　　　　　　　　D. App

三、判断题

1. 配送中心的一般作业流程指的是配送活动的典型作业流程。（　　　）

2. 配货是指使用各种拣选和传输设备，将存放的货物按需求分拣出来，并进行打包的活动。（　　　）

3. 送达服务是指将货物送到客户手中的活动。（　　　）

4. 机器人配送，即通过利用无线电遥控设备和自备的程序控制装置操纵的无人驾驶的低空飞行器运载包裹，自动送达目的地。（　　　）

5. 通常，配送中心进行送货作业都把汽车作为主要的运输工具。（　　　）

综合实训

用节约里程法优化配送路线和车辆的调度

一、实训目的

培养学生用节约里程法选择最佳配送路线和车辆的调度的能力。

二、实训步骤

1. 了解实训任务背景。有一配送中心（Q）要向10个用户配送，配送距离（千米）和需求量（吨）如图5-18所示。假设：采用最大载重量为2吨、4吨、8吨的三种汽车，并限定车辆一次运行距离50千米。

2. 用节约里程法优化配送路线和车辆的调度。

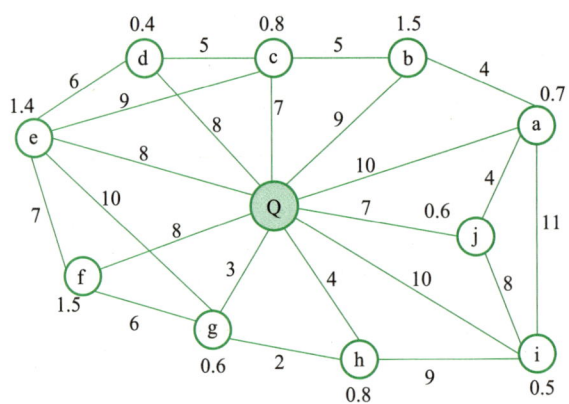

图5-18　配送距离和需求量示意图

三、实训要求

1. 将全班分成若干组，各组设组长一名。

2. 对实训结果进行课堂讨论。

四、实训成绩

每位学生的成绩由两部分组成：课堂讨论成绩（30%）和总结成绩（70%）。

第六章

库存管理与控制

学习目标

//素养目标//

- 树立吃苦耐劳的劳动观念，具备诚实守信、尽职尽责、廉洁自律等职业操守
- 培养精益求精的工匠精神，注重库存管理与控制的细节

//知识目标//

- 了解库存和库存管理的基本含义
- 掌握经济订货批量模型
- 掌握ABC分类法、定量订货制、定期订货制、MRP和JIT等库存管理与控制方法

//技能目标//

- 能够进行库存合理化管理
- 能够运用不同的库存管理方法实施库存控制

思维导图

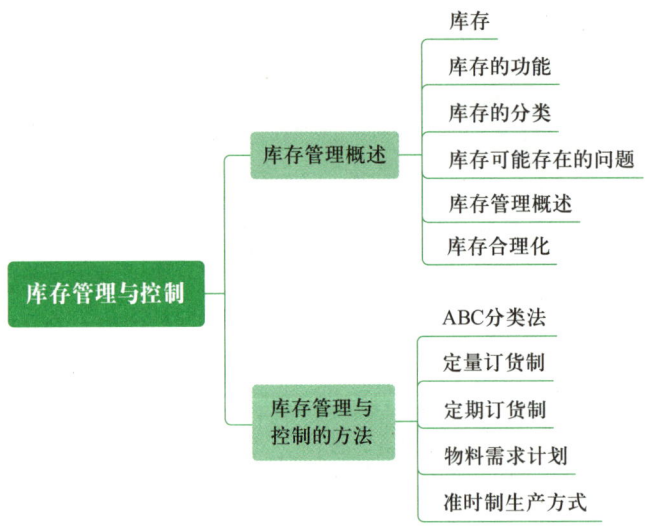

科技储粮确保粮食安全

粮食安则天下安。立秋过后，夏粮收购进程便接近尾声。中央储备粮（简称为"中储粮"）北京顺义直属库有限公司，自6月中旬以来，收购工作便已启动。

走进偌大的库区，一排排形似巨大集装箱的白色平房仓库映入眼帘，这些"大块头"便是存粮的粮仓。目前国内粮仓仓型主要有高大平房仓、浅圆仓和立筒仓三种，前两种主要在内陆地区使用，第三种则在沿海地区使用居多。这片库区共坐落着32栋高大平房仓，仓总容量30万吨，承担着保障北京粮食安全的使命。

由于中央储备粮北京顺义直属库有限公司不在粮食主产区，而面向北京这个大销区，一般采用合同收购的方式储备粮食。从售粮人送来粮食，到粮食成功入库，中间有着标准化的统一流程。

针对农民反映售粮高峰期排队等候时间长的问题，中储粮运用"互联网＋"模式变革传统粮食收购模式，自主开发了"惠三农"售粮预约App，帮农民少排队、快售粮、多增收。售粮人通过手机App可就近选择售粮库点、预约售粮时间。售粮车辆从进入库区登记制卡、抽取样品、样品检验、检斤到入仓卸粮、领取检斤单、登记退卡，全流程信息化，大概40分钟即可完成。

从产地、库区到卸粮、储粮、抽检，粮食质量管理还要"过五关"。在检验环节，粮食会经过质量指标如水分、杂质和食品安全指标如重金属、真菌毒素等方面的检测，只有合格的粮食才能进入仓库。

那么，入库的粮食如何保管？为了延长粮食保质期，粮仓内的粮食长期处于低温的环境，确保储粮绿色新鲜。在粮仓内部，分布着300多个电子测温点，保管员可通过粮温的变化判断粮情是否稳定。一般全年整仓粮温在20℃以下，实现低温储粮。

控温储存之外，对粮情的实时监测也很重要。库区智能化集成控制平台都能看得清清楚楚，通过远程实时监控，可以24小时查看粮库仓内、仓外实况，同时借助大数据分析、对比，可对粮情变化趋势进行智能预测和预警，真正实现粮食"看得见、管得住"，实现科技储粮、绿色储粮。

【引例分析】
党的二十大报告明确提出："全方位夯实粮食安全根基"，我国粮食连年丰收、库存充实、储备充裕、供应充裕，市场运行和价格总体平稳。为保障国家粮食安全，"端牢中国人的饭碗"，中储粮通过App和电子测温技术等现代化科技，极大地提高了粮食储存的管理能力，提高了粮食储存的智能化水平。

第一节
库存管理概述

一、库存

根据中华人民共和国《物流术语》（GB/T 18354—2021），库存是指储存作为今后按预定的目的使用而处于备用或非生产状态的物品。广义的库存还包括处于制造加工状态和运输状态的物品。

在生产制造企业，库存包括原材料、产成品、备件、低值易耗品以及在制品；在商业流通企业，库存一般包括用于销售的商品以及用于管理的低值易耗品。库存是仓储的基本功能，它除了进行商品的储存和保管，还具有整合需求与供给，保持物流系统中各项活动顺利进行的功能。

企业为了能够及时满足内部生产及客户的进货需求，就必须要经常保持一定数量的原材料库存和商品库存。配送中心为了满足客户的配送需求，也必须预先储存一定数量的商品。若存货不足，不能及时满足供货需求，则会造成企业生产供应中断，或向客户供货的不及时，以及由此带来的供应链断裂、市场占有率下降和客户流失等损失。而任何库存都需要一定的维持保管费用，同时存在由于商品积压和损坏而带来的库存风险。因此，在库存管理中，既要保持合理的库存数量，防止缺货和库存不足而给企业带来损失，又要避免库存水平过高，发生不必要的库存费用，增加企业的仓储成本。

二、库存的功能

在现实经济生活中，商品的流通并不是始终处于运动状态的，作为储存的表现形态，库存代表了商品流通的暂时停滞，是商品运输的必需条件。没有商品储存就不会有商品流通。库存在商品流通过程中有其内在的功能：

（一）调节供需矛盾，消除生产与消费之间时间差

不同的商品，其生产和消费情况是各不相同的。有些商品的生产时间相对集中，而消费则是均衡的；有些商品的生产是均衡的，而消费则是不均衡的。例如，粮食作物集中在秋季收获，但粮食的消费在一年之中是均衡消费的；饮料和零食等商品一年四季都在生产，但其消费在夏季相对比较集中。这表明，生产与消费之间，供给与需求两方面，在一定程度上存在着时间差。在维护正常的生产秩序和消费秩序，尽可能地消除供求之间、生产与消费之间这种时间上的不协调性上，库存起到了调节作用。它能够很好地平衡供求关系、生产与消费关系，缓解供需矛盾。

（二）创造商品的"时间效用"

"时间效用"是指同一种商品在不同的时间销售（消费），所产生的不同经济效果。为了避免商品价格上涨造成损失，或为了从商品价格上涨中获利而建立的库存恰恰满足了库存的"时间效用"功能。企业在增加投机库存的同时，也占用了大量的资金和库存维持费用，但只要从经济核算角度评价其合理性，库存的"时间效用"功能就能显示出来。

（三）降低物流成本

对于生产企业而言，保持合理的原材料和产成品库存，既可以消除或避免因上游供应商原材料供应不及时而需要进行紧急订货所增加的物流成本，也可以消除或避免下游销售商由于销售波动进行临时订货而增加的物流成本。

库存管理方法的更新也有助于降低物流成本。供应商管理库存（Vendor Managed Inventory，VMI），是一种以用户和供应商双方都获得最低成本为目的，在一个共同的协议下由供应商管理库存，并不断监督协议执行情况和修正协议内容，使库存管理得到持续改进的合作性库存管理方法。这种库存管理方法打破了传统的各自为政的库存管理模式，体现了供应链的集成化管理思想，适应市场变化的要求，是一种新的、有代表性的库存管理思想。VMI在分销链中的作用十分重要，因此被越来越多的企业重视。

三、库存的分类

库存的分类方法有很多种，可以从以下几种角度来看库存的分类。

（一）按生产过程分类

按生产过程，库存可以被分为原材料库存、在制品库存和产成品库存。

1. 原材料库存

原材料库存是指企业已经购买，但尚未投入生产过程的存货。

2. 在制品库存

在制品库存是指经过部分加工，但尚未完成的半成品存货。

3. 产成品库存

产成品库存是指已经制造完成并正等待装运发出的存货。

（二）按库存所处状态分类

按库存所处的状态，库存可以被分为在库库存和在途库存。

1. 在库库存

在库库存是指存储在企业仓库中的货物，是库存的主要形式。

2. 在途库存

在途库存是指生产地和储存地之间的货物，这些货物或正在运载工具上，处于运输状态；或在中途临时储存地，暂时处于待运状态。如果运输距离长，运输速度慢，在途库存甚至可能超过在库库存。

（三）按存货目的分类

按存货目的，库存可以被分为经常库存、安全库存、促销库存、投机性库存和季节性库存。

1. 经常库存

经常库存也叫周转库存，是指为了满足两次进货期间市场的平均需求或生产经营的需要而储存的货物。经常库存的存货量受市场平均需求、生产批量、运输中的经济批量、资金和仓储空间、订货周期、货物特征等多种因素的影响。

2. 安全库存

安全库存是指为防止需求波动或订货周期的不确定而储存的货物。安全库存与市场需求特性、订货周期的稳定性密切相关。市场需求波动越小或需求预测越准确，订货周期越确定，所需要的安全库存越少。如果企业能对市场作出完全准确的预测、订货周期固定，就可以不必保有这部分库存。

3. 促销库存

在企业进行促销活动期间，一般销售量会有一定幅度的增长。为满足这类预期需求而建立的库存，称为促销库存。

4. 投机性库存

投机性库存是指以投机为目的而储存的物资。对一些原材料，如铜、黄金等，企业购买并储存的目的常常不是为了经营，而是为了实现增值。

5. 季节性库存

季节性库存是指为满足具有季节性特征的需要而建立的库存，如水果等农产品、空调、冬季取暖用煤、夏季防汛产品等。

四、库存可能存在的问题

库存就像一把双刃剑，如果处理不当，可能存在着很多问题。

（1）库存可能被用来掩盖经常性的产品或零部件的制造质量问题。当废品率和返修率较高时，一种很自然的做法就是加大生产批量和增加在制品或产成品库存。

（2）库存可能被用来掩盖工人的缺勤问题、技能训练差问题、劳动纪律松弛和现场管理混乱问题。

（3）库存可能被用来掩盖供应商或外协厂家的原材料质量问题、外协件质量问题、交货不及时问题。

（4）库存可能被用来掩盖或弥补作业计划安排不当、生产控制制度不健全、需求预测不准、产品成套性差等。

由此不难理解，为什么准时制生产方式（JIT）要以"零库存"为不断努力的目标。企业要通过不断降低库存水平，使上述种种管理不善的问题暴露出来，然后将其解决。只有解决了上述问题，排除了问题的根源，才能够不断的实现库存水平的降低。

五、库存管理概述

（一）库存管理的概念

库存管理，是指对制造业或服务业生产、经营全过程的各种物品、产成品以及其他资源进行的管理和控制，使其储备保持在经济合理的水平上。这是企业根据外界对库存的要求与订购的特点而预测、计划和执行库存管理的一种行为，并对这些行为进行的控制。它的重点在于确定如何订货、订购多少、何时订货等问题。

库存管理越来越为企业经营者特别是物流经营管理者所关注，这对于物流经营管理者来说，既要满足客户存取商品的各种需要，又要增加收入、降低成本，以提高盈利、扩大市场。因为库存商品会占用大量的流动资产，所以减少库存、降低库存成本、追求零库存是仓储管理的重点，也是企业挖掘"第三利润源"的重心所在。因此，有的企业甚至把物流管理的重点放在对静止或运动库存的管理。

（二）库存管理的基本目标

库存管理的基本目标就是防止超储和缺货，在企业现有资源约束下，以合理的成本为客户提供所期望水平的服务，即在达到客户期望的服务水平下，尽量将库存成本减少到可以接受的水平。

六、库存合理化

库存合理化是指以经济的方法和手段从事库存活动，并发挥其作用的库存状态及其运行趋势的过程。库存合理化主要体现在库存量合理、库存结构合理、库存时间合理三个方面。

（一）库存量合理

1. 库存量合理的含义

库存量合理要求企业以满足市场需要，保障销售、符合经济核算为原则，使商品库存量满足销售量的需要。多数情况下，企业通过追求零库存以保持库存量合理。

（1）零库存的含义及优点。零库存是指以仓库储存形式存在的某种或某些商品极低的储存数量，甚至可以为"零"，即不保持库存。

零库存的优点包括减少库存占有资金、优化应收和应付账款、加快资金周转、降低库存管理成本，以及规避市场的变化及产品更新换代而产生的降价、滞销的风险。现实中，因为不确定供应、不确定需求和生产连续性等因素的制约，企业库存不可能都为零，但通过有效运作和管理，可以最大限度地接近零库存。

（2）实现零库存的必要条件。零库存应该以整条供应链为考虑基础。实现零库存需要有四个必要条件：一是整条供应链的上下游协同配合；二是供应链上下游企业的信息化水平相当，并且足够高；三是要有强大的物流系统做支撑；四是有充分的储备保障。

2. 库存量合理的控制方法

制定商品库存定额是使库存量合理的主要控制方法。具体来说，要从以下两个方面进行考虑：

（1）商品定额。商品定额即库存商品的数量定额，是指在一定时期内对某种商品所规定的平均库存量。通常用于对A类（特别重要）商品、B类（一般重要）商品、C类（不重要）商品中不能缺货的商品的库存控制。

（2）商品资金定额。商品资金定额即库存商品的价值定额，是指在一定时期内对某种商品平均库存资金占用的规定。企业可以对B类、C类商品进行库存量控制。

（二）库存结构合理

1. 库存结构合理的含义

库存结构合理要求企业的库存商品中，各类商品所占的比例，同类商品中高、中、低档商品之间的比例，以及同种商品不同规格、不同花色之间库存量的比例都适应销售的需要。

2. 库存结构合理的控制方法

库存结构合理的控制方法主要包括以下三个方面。

（1）商品质量结构控制。商品质量结构是指库存商品自身的质量（包括不良品、废品、质次价高商品、紧俏商品、适销商品、过季商品、积压商品）以及商品适应当地市场需求的品种的结构情况。企业要保持高质量的库存商品结构，其主要环节及措施为：① 把握市场行情，按需组织货源；② 根据供求变化适时适量采购；③ 加强商品入库验收，防止伪劣商品进入储存环节；④ 对库存商品实行库存定额管理。

（2）商品层次结构确定。商品层次结构是指库存商品满足不同水平消费需求的结构状况。确定商品层次结构的主要任务除了满足主要层次消费者需求外，还兼顾其他层次消费者需求，编制"必备商品目录"，并确定各档次商品在全部商品中所占的比例。

（3）商品销售结构分析。通过商品销售结构（一定时期内各种商品销售额在全部销售额中所占比例）分析，可确定经营中的主要品种、次要品种和一般品种，从而有区别地加以管理。其措施为：① 对主要品种，按品种甚至规格指定库存定额，实行保本保利库存期管理；② 对次要品种，分大类进行库存定额管理；③ 对一般品种，只控制总金额，实行一般管理。

（三）库存时间合理

1. 库存时间合理的含义

库存时间合理要求企业所有库存商品的库存期（商品进入库存环节后停留的时间）适应供求变化。

2. 库存时间合理的控制方法

库存时间合理的控制可以通过对商品保本库存期（商品从购进到销售出去，不发生亏损的最长库存期限）和商品保利库存期（能够实现经营利润的最长库存期限）的控制来进行。这两种方法都运用了量本利分析和目标管理的原理，对商品保本保利期进行预测，对商品购、存、销全过程进行系统的价值管理。

第二节
库存管理与控制的方法

一、ABC分类法

ABC分类法是现代经济管理中广泛应用的一种管理方法，又称帕累托分析法。该方法的核心思想是在决定一个事物的众多因素中分清主次，识别出少数的但对事物起决定作用的关键因素和多数的但对事物影响较少的次要因素。

在库存管理中，ABC分类法是指将库存货物按照设定的标准和要求分为特别重要的库存（A类货物）、一般重要的库存（B类货物）、不重要的库存（C类货物）三个等级，然后针对不同重要程度的库存分别进行控制的管理方法，目的在于找到关键的少数和次要的多数。对于怎样划分各货物每年的资金占用比例，ABC分类法没有一个统一的标准，一般是遵循如表6-1所示的规律。

表6-1 ABC分类法遵循的规律

类别	品种比例	资金占用额比例
A类货物	5%~15%	60%~80%
B类货物	15%~25%	15%~25%
C类货物	60%~80%	5%~15%

（一）A类货物的管理

A类货物品种少，但占用库存资金多，是所谓的"重要的少数"，要重点管理。应采取下列管理方法：

（1）对每件货物皆作编号。

（2）尽可能正确地预测需求量。

（3）少量采购，尽可能在不影响需求的前提下减少库存量。

（4）请求供应商配合，力求出货量平稳，以降低需求变动，提高安全库存占比。

（5）与供应商协调，尽可能缩短订货提前期。

（6）采用定期订货方式，对存货必须做定期检查。

（7）必须严格执行盘点，每天或每周盘点一次，以提高库存精度。

（8）对交货期加强控制，对在制品及发货也必须从严控制。

（9）将货物放置在易于出库的位置。

（10）实施货物包装外形标准化，增加出入库的库位。

（11）采购需要经高层主管审核。

（二）B类货物的管理

B类货物的品种和占用库存资金都处于中等水平，采取下列管理方法：

（1）对B类货物正常控制，采用比A类货物简单的管理办法。

（2）对B类货物中销售额比较高的品种，要采用定期订货方式或定期定量混合订货方式。

（3）每2~3周盘点1次。

（4）中量采购。

（5）采购需要经中级主管审核。

（三）C类货物的管理

C类货物品种多，但占用库存资金少，是属于"不重要的大多数"，可采取简单的管理方法：

（1）某些货物可被排除在日常管理的范围之外。例如，螺丝、螺母之类的数量大、价值低的货物不作为日常盘点的货物，并可规定最少出库的批量，以减少处理次数。

（2）为防止C类货物库存缺货，安全库存要多些，或减少订货次数以降低费用。

（3）减少这类货物的盘点次数。

（4）可以很快订到货的货物，可以不设置库存。

（5）采购仅需要经基层主管审核。

二、定量订货制

定量订货制是指当库存量下降到预定的最低库存量（图6-1中订货点R）时，立即按一定的订货批量（数量一般以经济订货批量模型为标准）进行订货的一种订货方式。它主要靠控制订货点和订货批量两个参数来控制订货进货，达到既能满足库存需求，又能使总费用降到最低的目的。定量订货制模型示意图如图6-1所示。

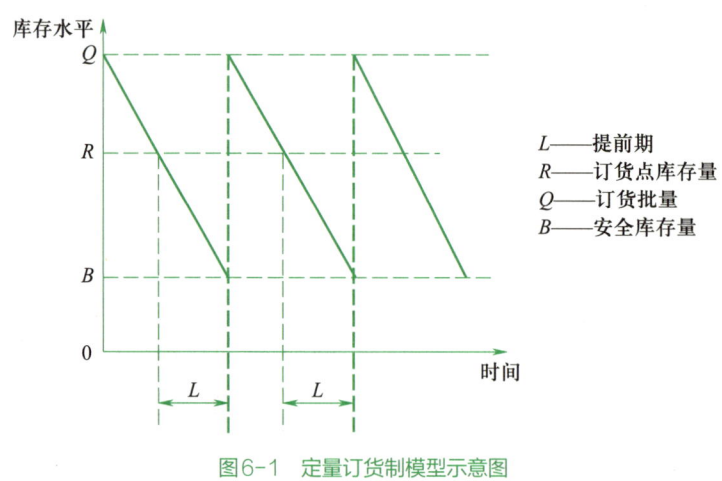

图6-1 定量订货制模型示意图

（一）订货点的确定

订货点的确定主要取决于需求量和订货周期这两个因素。在需求固定均匀、订货周期不变的情况下，不需要设安全库存，这时订货点的确定公式为：

$$R = LT \times D/365$$

式中，R是订货点库存量；LT是订货周期，即从发出订单至该批商品入库间隔的时间；D是该商品的年需求量。

但在实际工作中，常常会遇到各种波动的情况，如需求量发生变化，订货周期因某种原因而延长等，这时必须要设置安全库存S，这时订货点则应用下式确定：

$$R = LT \times D/365 + S$$

式中，S是安全库存量。

（二）订货批量的确定

1. 订货批量的含义

订货批量常用经济订货批量模型来确定。经济订货批量模型（Economic Order Quantity，EOQ）是指通过平衡订货成本和保管仓储成本，确定一个合理的订货批量来实现最低总库存成本的方法。

模型假设：只涉及一种产品；年需求量已知，每天的需求量为常数；生产提前期不变；各批量单独运送接收；没有数量折扣。

2. 订货成本和保管仓储成本

与物资仓储有关的费用可分为两大类，即订货成本和保管仓储成本。订货成本主要包括为订购物资而发生的差旅费、通信费及物资采购中的运输、验收、搬运等跟订货次数有关的费用。保管仓储成本主要包括库存物资占用货款的利息，仓库设施、装卸搬运设备、专用工具等的维修、折旧费用，以及相关的管理费用等。其中订货成本与其订购的次数成正比，而与每次购买物资量的多少关系不大；保管仓储成本则与每次购置物资的数量成正比关系。

3. EOQ模型分析

假设其中一个库存循环始于收到 Q 单位的订货批量，随着时间的推移，这批库存以固定的速度均匀消耗并且生产提前期不变，新的订货就会在库存量降为零时及时地收到。这样库存的平均库存量等于每次采购量的一半，即 $Q/2$。因此，订货时机和订货批量的合理安排既避免了库存过量，又避免了缺货。

经济订货批量反映了库存成本与订货成本之间的平衡关系：当订货批量变化时，一种成本会上升，同时另一种成本会下降。

4. 求解最优订货批量

设 D 为物资的年需求量，C_1 为年单位物资存储费用，如1吨钢材保存一年需要花费10元，那么，这种物资的物资存储费用为10元/（吨·年），C_2 为每次订购费用，Q 为订货批量。

因为需求是均匀连续的，所以，平均库存量等于订购批量的一半，即：

$$平均库存量 = Q/2$$

年存储费用 = 平均库存量 × 年单位物资存储费用，即：

$$年存储费用 = 平均库存量 \times C_1 = Q/2 \times C_1$$

年订购费用 = 年订购次数（年需求量除以订货批量）× 每次订购费用，即：

$$年订购费用 = \frac{D}{Q} \times C_2$$

所以，年总费用＝年存储费用＋年订购费用，设总费用为 C，则：

$$C = C_1 \times Q/2 + \frac{D}{Q} \times C_2$$

求解的目的是使总费用 C 的值最小，即求 C 的极小值：

$$\frac{dC(Q)}{dQ} = -\frac{C_2}{Q^2} D + \frac{1}{2} C_1 = 0$$

可得：

$$Q = \sqrt{\frac{2DC_2}{C_1}}$$

这就是著名的经济订货批量公式，简称EOQ公式。

（三）定量订货制的优缺点

1. 定量订货制的优点

定量订货制的优点如下：

（1）定量订货制在实际操作中较为简单。实际操作中经常采用双堆法来处理。双堆法，就是指将某货物库存分为两堆：一堆为经常库存；另一堆为订货点库存，消耗完就开始订货。平时用经常库存，不断重复操作。这样可减少经常盘点库存的次数，方便可靠。

（2）当订货批量确定后，货物的验收、入库、保管和出库业务可以利用现有规格化器具和计算方式，有效地节约搬运、包装等方面的作业量。

（3）充分发挥了经济批量的作用，可降低库存成本，节约费用，提高经济效益。

2. 定量订货制的缺点

定量订货制的缺点如下：

（1）要随时掌握库存动态，严格控制安全库存和订货点库存，占用了一定的人力和物力。

（2）订货模式过于机械，不具有灵活性。

（3）订货时间不能预先确定，对人员、资金、工作业务的计划安排不利。

（4）受单一订货的限制，对于实行多品种联合订货，采用此方法时还需要灵活处理。

综上，定量订货制适用于品种数量少、平均占用资金大、需要重点管理的A类货物。

三、定期订货制

定期订货制是指按预先确定的订货时间间隔进行订货补充的库存管理方法。它是基于时间的订货控制方法，它通过设定订货周期和最高库存量，从而达到控制库存量的目的。只要订货间隔期和最高库存量控制合理，就可能实现既保障需求、合理存货，又节省库存费用的目标。

定期订货制的原理为：预先确定一个订货周期和最高库存量，周期性地检查库存，根据最高库存量、实际库存、在途订货量和待出库货物数量，计算出每次订货批量，然后发出订货指令，组织订货。定期订货制模型示意图如图6-2所示。

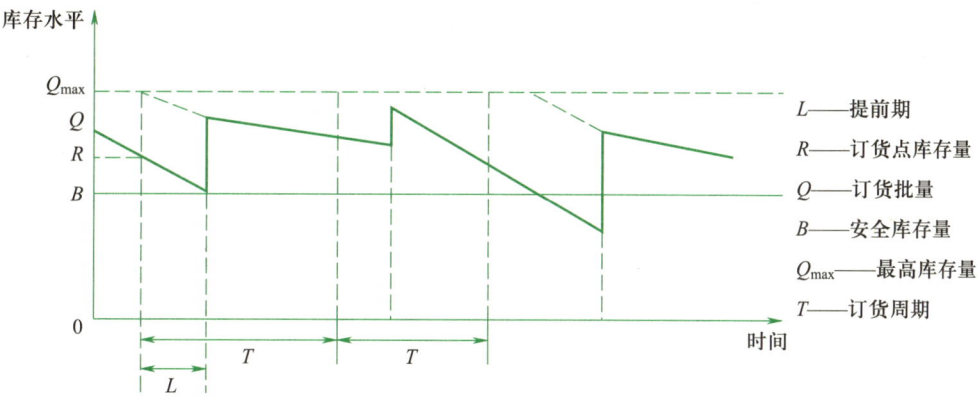

图6-2　定期订货制模型示意图

（一）订货周期的确定

订货周期实际上就是定期订货的订货点，其间隔时间总是相等的。订货间隔期的长短直接决定最高库存量的大小，即库存水平的高低，进而决定了库存成本的多少。订货周期不能太长，否则会使库存成本上升；也不能太短，太短会增加订货次数，使得订货费用增加，进而增加库存总成本。从费用角度出发，如果要使总费用达到最低，可以采用经济订货周期的方法来确定订货周期，其公式为：

$$T^* = \sqrt{\frac{2C}{KM}}$$

式中：C 为每次订货成本；K 为单位货物的年保管费用；M 为单位时间内库存货物需求量（销售量）；T^* 为经济订货周期。

在实际操作中，经常结合供应商的生产周期来调整经济订货周期，从而确定一个合理可行的订货周期。当然也可以结合企业比较习惯的时间单位，如周、旬、月、季、年等来确定经济订货周期，从而与企业的生产计划、工作计划相吻合。

（二）订货批量的确定

定期订货制的订货批量是不固定的，订货批量的多少都是由当时的实际库存量的大小决定的，考虑到订货点时的在途到货量和已发出出货指令但尚未出货的待出货数量（称为订货余额），每次的订货批量的计算公式为：

$$订货批量 = 平均每天的需求量 \times （提前期 + 订购间隔） +$$

$$安全库存 - 实际库存量$$

$$安全库存 = （预计每天最大耗用量 - 每天正常耗用量） \times 提前期$$

（三）定期订货制的优缺点

1. 定期订货制的优点

定期订货制的优点如下：

（1）可以合并出货，减少订货费。

（2）周期盘点比较彻底、精确，避免了定量订货制每天盘存的做法，减少了工作量，提高了工作效率。

（3）库存管理的计划性较强，有利于工作计划的安排，实行计划管理。

2. 定期订货制的缺点

定期订货制的缺点如下：

（1）需要较大的安全库存量来保证库存需求。

（2）每次订货的批量不固定，无法确定经济订货批量，因而运营成本较高，经济性较差。

（3）手续烦琐、每次订货都需要检查储备量和订货合同，并计算出订货批量。

综上，定期订货制适用于品种数量大、平均占用资金少的，只需要一般管理的B类、C类商品。

定量订货制和定期订货制之间的比较如表6-2所示。

表6-2　定量订货制和定期订货制的比较

订货方法名称	定量订货制	定期订货制
订货数量	每次订货数量不变	每次订货数量变化
订货时间	订货间隔期变化	订货间隔期不变

订货方法名称	定量订货制	定期订货制
库存检查情况	随时进行货物库存状况检查和记录	在订货周期到来时检查库存
订货成本	较高	较低
订货种类	对每个货物品种单独进行订货作业	对多品种进行统一订货
订货对象	A类货物，有时B类货物也可采用	B类及C类货物
缺货情况	缺货情况只发生在已经订货但货物还未收到的提前订货期间内	在整个订货间隔内以及提前订货期间内均可能发生缺货

四、物料需求计划

物料需求计划（Material Requirement Planning，MRP）是指利用一系列产品物料清单数据、库存数据和主生产计划计算物料需求的一套技术方法。它根据产品结构中各层次物料的从属和数量关系，以每个物品为计划对象，以完工时期为时间基准倒排计划，按提前期长短区别各种物料下达计划时间的先后顺序，是一种工业制造企业内常用的物资计划管理模式。MRP以生产计划为中心，把与物料管理有关的"产、供、销"等各个环节的活动有机地联系起来，形成一个解决"产、供、销"脱节问题的信息化管理系统。可以说，MRP既是一种管理方法、一种实用技术，也是一种信息化管理系统。

（一）MRP的基本原理

MRP的管理理念强调"需求导向，以需定供"。按需求的来源不同，企业内部的物料可分为独立需求和相关需求两种类型。独立需求是指需求量和需求时间由市场或客户来决定的外部需求，如客户订购的产品、售后维修需要的配件等；相关需求是指根据物料之间的结构组成关系，由独立需求物料所产生的需求，如半成品、零部件、原材料等的需求。

1. MRP的基本任务

（1）从最终产品的生产计划（独立需求）导出相关物料（原材料、零部件等）的需求量和需求时间（相关需求）。

（2）根据物料的需求时间和生产（订货）周期来确定其开始生产（订货）的时间。

2. MRP的基本逻辑

（1）依据独立需求制订主生产计划（Master Production Schedule，MPS），

即明确生产什么、生产多少、何时要货。MPS是MRP展开的依据。

（2）必须掌握制造数据，如物料清单（Bill of Material，BOM）、工艺路线等，即明确要用到什么、多长时间完成。知道这些数据才能将MPS展开。

（3）只有知道库存信息才能准确计算出零件的采购数量，即明确已经有了哪些库存、什么时候可供使用。

（4）通过MRP计算出建议的生产计划和采购计划，即还缺什么、什么时候下达订单。

（二）MRP的主要目标

MRP的主要目标是控制企业的库存水平，确定产品的生产优先顺序，满足交货期的要求，使生产运行的效率达到最高。具体可归纳为以下几点：

（1）采购恰当数量和品种的零部件，选择恰当的时间订货，尽可能维持最低的库存水平。

（2）及时取得生产所需要的各种原材料及零部件，保证按时供应客户所需要的产品。

（3）计划企业的生产活动与采购活动，使各部门生产的自制件、采购的外购件与装配的要求在时间和数量上精确衔接。

五、准时制生产方式

准时制生产方式（Just in Time，JIT）的基本思想可用一句话来概括，即"只在需要时，按需要的量，生产所需要的产品"，这也就是"just in time"的含义。这种生产方式的核心是追求一种零库存、零浪费、零不良、零故障、零灾害、零停滞的较为完善的生产系统，并为此开发了包括看板管理在内的一系列具体方法，逐渐形成了一套独具特色的生产经营体系。

JIT生产具有以下特点：

（一）追求零库存

JIT生产的显著特点是追求零库存，并能够快速地应对市场的变化。这里所说的零库存并不是说完全没有库存，因为零库存是相当不容易做到的，这里指的是尽量少的库存量。JIT生产要做到用更少的人员和生产周期、更少的场地和产品开发时间、更少的投资和极少的库存，生产出品质更高、品种更为丰富的产品。

为此就需要不断地降低库存，对所暴露出的一些问题进行改进。经过如此周而复始的优化，将库存降到最低水平。JIT生产是一个不断改进的动态过程，不是一朝一夕就可以完成的，需要企业不断地改善才能达到目标。

（二）强调过程管理

JIT生产在生产过程上也有其特点，主要体现在以下几个方面：

1. 拉动式准时化生产

这是指以最终用户的需求为生产起点；强调物流平衡，追求零库存，上一道工序加工完的零件可以立即进入下一道工序；工序间的需求信息是由看板来传递的，组织生产运作依靠看板进行；可以保证每一道工序对下一道工序供应的准时化，可人工干预和控制生产中的节拍；在形式上不采用集中计划，各个工序自己完成生产中的计划与调度，因此生产过程中各个工序之间的协调极为必要。

2. 全面质量管理

这是指强调质量是生产出来的而非检验出来的，由过程质量管理来保证最终产品质量；生产过程中的每一道工序都对质量进行检验与控制，为保证及时发现质量问题，重视对每位员工的质量意识的培养；杜绝对不合格产品的无效加工，如果在生产过程中发现质量问题，可根据情况立即停产，直至解决问题；如果生产过程中出现了质量问题，一般会由相关的技术与生产人员组成一个小组进行协作，尽快解决。

3. 团队工作法

这是指每位员工在工作中都要积极地参与决策，而不仅仅是执行上级的命令；主要根据业务的关系来组织团队，而不是完全按行政组织来划分；强调团队成员一专多能，要求每位成员都比较熟悉团队内其他工作人员的工作，保证工作协调顺利进行；团队内部的评价影响团队人员工作业绩的评定；团队工作的基本氛围是信任，以一种长期的监督控制为主，而不是对每一步工作都进行核查；团队的组织不是固定不变的，要针对不同的任务建立不同的团队，同一个人可能属于不同的团队。

4. 应用并行工程

这是指从产品的设计开发阶段就考虑到产品生命周期内各阶段的因素，从而保证按时按质完成工作；项目进行过程中，各团队成员分别安排自己的工作，及时反馈信息并协调解决工作中出现的问题；利用适当的信息系统工具，处理反馈信息并协调整个项目的进行。

智慧仓配与中国经济
打造数字之城，发展"绿色智能"

　　江苏中车数字科技有限公司（以下简称"江苏中车"）是一家提供智能制造全面解决方案的企业，向传统制造业提供智能制造整体解决方案。江苏中车所在的南京江北新区智能制造产业园，具有深厚的轨道交通生产制造基础。江苏中车建构了工业制造多业务协同系统，从"智能制造＋业务协同"入手，形成了数字化、网络化、智能化的完整的制造体系，并与企业业务融合，满足高端装备复杂零部件的个性化定制需求。

　　南京江北新区智能制造产业园培育智能车间，采用精益生产等先进的生产管理方式。目前，该产业园已获批5个省级示范智能车间。园区坚持高端制造业与生产性服务业协同发展，积极推动传统制造龙头企业实现高基数上的转型升级。以南京钢铁集团有限公司（以下简称"南钢"）为例，围绕南钢主导产业，催生了园区富有特色的工业互联网新兴智造产业集群，推动了南钢的智能化转型，建立了"JIT＋C2M"智能工厂，它不仅是江苏冶金行业首个"5G＋工业互联网"智能工厂，也是全球首个专业加工高等级耐磨钢及高强钢配件的智能工厂。

　　南京江北新区智能制造产业园成立以来，聚焦"两城一中心"战略定位，深化智能制造在产业化中的支撑作用，打造数字之城，隆起"绿色智造"高地，形成电子信息产业、大健康产业千亿级产业集群，筑牢典范智能制造园区发展实体根基。

同步测试

一、单选题

1. ( ) 是指对制造业或服务业生产、经营全过程的各种物品、产成品以及其他资源进行的管理和控制，使其储备保持在经济合理的水平上。
    A. 库存　　　　　　　　　　　　B. 库存管理
    C. 质量管理　　　　　　　　　　D. 供应链管理

2. ( ) 要求企业以满足市场需要，保障销售、符合经济核算为原则，使商品库存量满足销售量的需要。
    A. 库存管理　　　　　　　　　　B. 库存量合理
    C. 质量管理　　　　　　　　　　D. 经济订货批量

3. 经济订货批量模型（Economic Order Quantity，EOQ）是指通过平衡订货成本和保管仓储成本，确定一个合理的订货批量来实现（ ）最低的方法。
    A. 年保管费用　　　　　　　　　B. 年储存费用
    C. 总库存成本　　　　　　　　　D. 年订购费用与保管费

4. 下列选项中，( ) 是B类货物管理方法之一。
    A. 每月盘点一次　　　　　　　　B. 每2~3周盘点1次
    C. 大量采购　　　　　　　　　　D. 少量采购

5. 某厂某物料的需求量为4 500 Kg，每次订购费用为20元，存储费用为2元/（Kg·年），经济订购批量为（ ）。
    A. 300　　　　　B. 450　　　　　C. 600　　　　　D. 800

二、多选题

1. 在ABC分类法中，A类货物的管理方法有（ ）。
    A. 每件货物皆作编号
    B. 尽可能正确地预测需求量
    C. 少量采购，尽可能在不影响需求下减少库存量
    D. 采用定期订货方式，对其存货必须作定期检查

2. 在ABC分类法中，B类货物的管理策略有（ ）。
    A. 正常的控制，采用比A类货物相对简单的管理办法
    B. 每2~3周盘点1次

C. B类货物中销售额比较高的品种要采用定期订货方式或定期定量混合方式

D. 采购需经中级主管审核

3. 在ABC分类法中，C类货物的管理策略有（   ）。

A. 为防止库存缺货，安全库存要多些，或减少订货次数以降低费用

B. 减少这类货物的盘点次数

C. 可以很快订到货的货物，可以不设置库存

D. 采购仅需经基层主管审核

4. 常用的库存控制策略有（   ）。

A. 经济批量订购制   B. 订货点设置方式制

C. 定量订货制   D. 定期订货制

5. （   ）是经济订货批量模型的参数。

A. 每年平均供应价格   B. 每年的需求量

C. 每次的采购进货成本   D. 年保管储存成本

三、判断题

1. 库存是指储存作为今后按预定的目的使用而处于备用或非生产状态的物品。
（   ）

2. 在制品库存是指企业已经购买，但尚未投入生产过程的存货。（   ）

3. 经常库存指为防止需求波动或订货周期的不确定而储存的货物。（   ）

4. 定量订货制是指当库存量下降到预定的最低库存量时，立即按一定的订货
批量（数量一般以经济订货批量模型为标准）进行订货的一种订货方式。
（   ）

5. MRP是指利用一系列产品物料清单数据、库存数据和主生产计划计算物料
需求的一套技术方法。（   ）

综合实训

ABC分类法的运用

一、实训目的

让学生通过实训掌握ABC分类法在实际中的应用。

二、实训步骤

1. 了解实训背景与资料。某企业持有9种商品的库存，有关资料如表6-3所示。为了对这些库存商品进行有效的控制和管理，该企业打算根据商品的投资大小进行分类。

表6-3　企业库存商品

商品编号	单价/元	库存量/件
a	5.00	200
b	2.00	100
c	4.00	125
d	1.40	200
e	1.00	140
f	7.50	1 000
g	3.00	120
h	1.00	120
i	0.70	100

① 资金金额占总库存资金总额的60%~80%，品种数目占总库存品种总数的5%~20%。

② 资金金额占总库存资金总额的10%~15%，品种数目占总库存品种总数的20%~30%。

③ 资金金额占总库存资金总额的0%~15%，品种数目占总库存品种总数的60%~70%。

2. 请用ABC分析法将这些商品分为A、B、C三类。

3. 请给出A类库存商品的管理方法。

4. 根据已知数据，按照商品所占金额从大到小的顺序排列，将计算结果填入表6-4。

表6-4　商品分类

商品编号	单价	库存量	金额	金额累计	占全部金额的累计比例	占全部品种的累计比例

续表

商品编号	单价	库存量	金额	金额累计	占全部金额的累计比例	占全部品种的累计比例

三、实训要求

1. 分组。将全班分成8组，每组5~6人，每组设组长一名。

2. 撰写实训报告，记录学习的收获及心得体会。

四、实训成绩

每位学生的成绩由两部分组成：课堂讨论成绩（30%）和总结成绩（70%）。

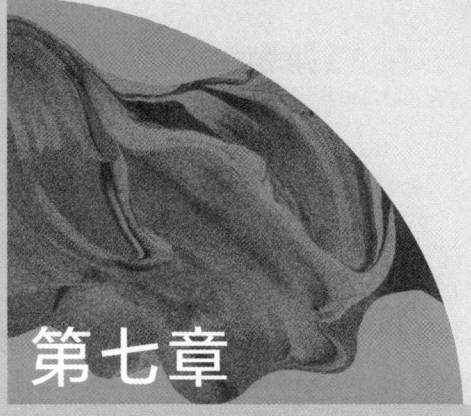

第七章

智慧仓配成本
与绩效管理

学习目标

思维导图

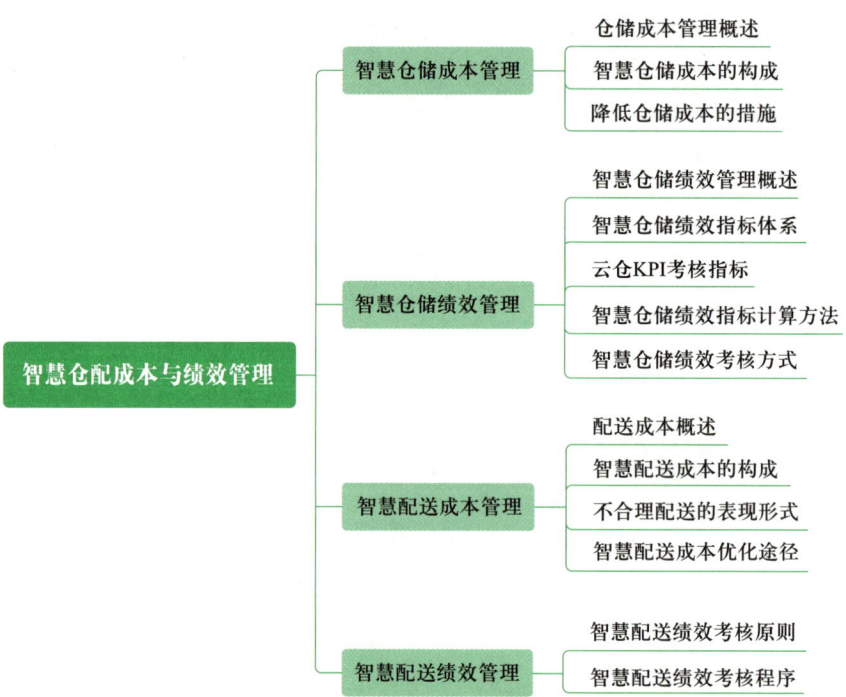

引导案例
中力机械与京东工业品合作降低供应链综合成本

叉车作为物料搬运机械，广泛被应用于车站、港口、机场、工厂及仓库等各个国民经济部门，是机械化装卸、堆垛和短距离运输不可或缺的设备，从成交额来看，叉车是工程机械大类中销售量仅次于挖掘机的第二大细分产品。

中国工程机械工业协会工业车辆分会数据显示，2023年，中国叉车的全年总销售量高达117.4万台。然而在庞大的市场规模下，市场竞争越来越激烈。如何提升自身的盈利能力，成为叉车品牌强化综合竞争力的重要发展方向。

为了进一步强化自身竞争力，国内知名叉车企业——浙江中力机械股份有限公司（以下简称"中力机械"）与京东工业品达成合作，中力机械旗下产品入驻京东工业品，同时双方从供应链管理的角度出发，依托京东工业品强大的技术服务能力，提高仓储、配送等各环节的协同效率，通过更高效的资源配置来降低供应链综合成本。

中力机械是专业从事电动仓储设备、智能搬运机器人及叉车开发、制造、服务的全球性企业，年产量超过35万台。中力产品的研发能力位居产业前列，其推出的小型电动搬运设备——中力小金刚系列，曾荣获多项设计大奖。

此前，在传统供应链体系下，中力机械一台叉车从出厂到送达客户手中，平均要转运2~4次，期间库存时间超过1个月。标准化程度越高的叉车往往越容易出现库存多次转运的情况。一台售往深圳的叉车，会先从浙江安吉的工厂出发运往华南区总代理的库房先行存储，再转运至广东的省代理，再转运到深圳市代理，最终才能送达企业客户手中。每一次的物流转运过程中，都要耗费相当多的人力物力，物流转运次数越多，成本消耗就越大。而这些成本，都会进一步挤压品牌方的利润空间。

与京东工业品合作后，双方针对物流痛点作出改善。依托京东工业品智能供应链决策体系，中力机械能够打通浙江安吉、江苏靖江、杭州富阳、湖北襄阳等基地的仓配资源，旗下标准品叉车将全部实现统一调度，从成本、库存、时效等多维度自动决策出价值交付路径，从源头上减少商品从品牌仓到客户仓之间的物流转运次数和物流总距离，降低供应链的物流配送和仓储成本。

对于工程机械行业，由于产品体积大、质量也大，其仓储、物流成本远高于常规工业品。对比动辄几十万元甚至上百万元单价的挖掘机，叉车单价往往只有万元左右，进一步放大了仓储与物流的成本比例。通过与京东工业品的合作可以减少搬运次数，压缩库存周期，对于提高品牌方和代理商的盈利能力具有显著的拉动作用。

【引例分析】

物流成本水平是国民经济发展质量和综合竞争力的集中体现。党的二十大报告指出，建设高效通畅的流通体系，降低物流成本。这不仅为高水平建设现代物流体系、推动高质量发展指明了方向，而且对进一步推动物流业降本增效提出了具体要求。中力机械与京东工业品合作，利用其强大的技术服务能力，提高仓储、配送等各环节的协同效率，通过更高效的资源配置优化了供应链综合成本。

智慧仓储成本管理

一、仓储成本管理概述

（一）仓储成本管理的相关概念

1. 仓储成本的含义

仓储成本是指仓储企业在储存货物过程中所进行的装卸搬运、存储保管、流通加工、货物出库、入库等各项业务活动，以及建造、购置仓库等设施设备所消耗的人力、物力、财力及风险成本的总和。

2. 仓储成本管理的含义

仓储成本管理是指用经济的办法实现储存功能，在保证储存功能实现的前提下，尽量减少投入的过程。仓储成本管理的任务是对企业物流运作进行经济分析，以更低的物流成本创造更高的物流效益。在许多企业中，仓储成本是物流总成本的一个重要组成部分，对物流成本有很大影响。

（二）仓储成本管理的意义

1. 仓储成本管理是物流成本管理的重要内容

降低仓储成本与提高仓储服务水平构成了企业仓储管理的基本内容。通过对仓储成本的有效把握，利用仓储以及物流各要素之间的效益背反关系，科学、合理地组织仓储活动，加强对仓储活动过程中费用支出的有效控制，降低仓储活动中对物化劳动和活劳动的消耗，从而达到降低仓储总成本，提高企业和社会经济效益的目的。

2. 通过智慧仓储活动降低存货风险

除了在现场装配的大型设备、建筑物，绝大多数通用产品实现生产零库存的目标难以达到，企业对一般产品的原材料需要进行适量的安全储备，这既是保证生产稳定和促进销售的重要手段，也是减少意外事件造成损失的重要应急手段。但存货就意味着资金占用的成本增加，并会产生损耗、浪费等风险。通过智慧仓储运营系统提供的实时监控和数据分析，企业可以及时发现并解决仓库操作过程中的问题，提高整体运营效率。同时，系统还可以根据历史数据和算法模型，对未来的需求进行预测和规划，帮助企业更好地调整仓库储存策略，避免库存积压和缺货现象，降低存货风险。

3. 智慧仓储活动有助于降低系统物流成本

系统物流成本分摊在具体的物流操作过程中，可分为仓储成本、运输成本、作业成本、风险成本等。其中，仓储成本不仅是物流成本的重要组成部分，而且是整体上对物流成本实施管理的控制环节。仓储成本的控制和降低可直接实现物流成本的降低。货物在仓储中的组合、配载和流通包装等活动就是为了提高装卸效率、充分利用运输工具，从而降低运输成本的支出。智慧仓储运营系统可以与企业的供应链系统进行无缝对接，实现供应链管理的优化。通过系统的智能调度和预测算法，企业可以更好地协调供应链中的采购、运输、仓储、流通加工等各个环节，减少冗余和浪费，提高整体效率，降低系统成本。

4. 通过智慧仓储活动实现物流增值服务

现代物流管理不仅要满足产品销售、降低产品成本，还应该提供增值服务，提高产品销售收益。产品销售价值主要来自产品质量的提高和功能的扩展、创造的时间价值、个性化服务增值等。物流增值服务在智慧仓储的各个环节中进行，通过流通加工提高产品质量、改变功能、实现产品个性化，通过对仓储的时间控制，使生产节奏与消费节奏同步，实现物流管理时间效用的价值；通过对仓储的商品整合，开展消费个性化服务。

二、智慧仓储成本的构成

与库存成本不同，智慧仓储企业的货物仓储成本主要是指货物保管的各种支出，其中一部分为对智慧仓储设施设备的投资，另一部分则为仓储保管作业中的活劳动或者物化劳动的消耗，主要包括工资和能源消耗等。根据货物在保管过程中的支出，可以将智慧仓储成本分为以下几类：

（一）保管费

保管费是指为存储货物所支出的货物养护、保管等费用。保管费包括用于货物保管的自动货架、货柜的费用开支，仓库场地的房地产税等。

（二）仓库人工成本

仓库人工成本包括仓库人员的工资和福利费。仓库人员的工资一般包括固定工资、奖金和各种生活补贴。福利费可按标准提取，一般包括住房公积金、补充医疗等。近些年智慧仓储快速发展，WMS在仓库管理中的应用，简化了仓储作业流程，降低了作业的复杂度，减少了仓库人员的重复作业，降低了仓库的人员需求和人工成本。

（三）折旧费或租赁费

智慧仓储企业有的是以自己拥有所有权的仓库以及设备对外承接仓储业务（即自营仓库），有的是以向社会承包租赁的仓库及设备对外承接业务（即租仓）。自营仓库的固定资产每年需要提取折旧费，租仓的固定资产每年需要支付租赁费。仓储折旧费或租赁费是智慧仓储企业的一项重要的固定成本。一般对仓库固定资产按折旧期分年提取核算，主要包括库房、堆场等基础设施的折旧和自动化机械设备的折旧等。仓库内可采用密集存储方式，放置高层货架，并规划好仓储路径和区域，增加货物的存储数量，让存储空间发挥更大的价值。

（四）修理费

修理费主要用于设备、设施和运输工具的定期维护修理，每年可以按这些设备、设施和运输工具投资额的一定比率提取核算费用。

（五）装卸搬运费

装卸搬运费是指货物入库、堆码和出库等环节发生的装卸搬运费用，包括智能搬运设备的运行费用等成本。

（六）管理费用

管理费用是指智慧仓储企业为管理仓储活动或开展仓储业务而发生的各种间接费用，主要包括仓库设备设施的保险费、办公费、人员培训费等。传统仓储企业依赖经验管理，效率低、流程长，为企业的仓储管理带来隐性成本。

在应用WMS进行管理的智慧仓储企业，仓库基本实现无纸化作业，而且通过管理系统分析每天的拣货任务，通过波次策略，合理生成拣货任务单，然后去调度自动化设备和仓库人员来完成任务。在拣货过程中，拣货路径得到优化，可以一次性、按顺序、准确地完成拣货任务，无需走回头路。此外，通过补货预测模块，仓库可以快速完成补货任务，使拣货无需等待，从而提升仓库运行效率。

（七）仓储损失与浪费

仓储损失是指在保管过程中，货物因损坏而需要仓储企业赔付的费用。造成货物损失的原因一般包括仓库本身的保管条件较差，管理人员的人为破坏，货物本身的物理、化学性能损耗，搬运过程中的机械损坏等。浪费是指仓储过程中由于操作失误而产生的成本。在实际中，应根据具体情况，按照企业的制度标准，分清责任，将仓储损失与浪费合理计入成本，并利用WMS的防错机制来减少仓储损失和浪费。

三、降低仓储成本的措施

在经济全球化的商业环境中，仓储运营已经成为企业运营的重要组成部分。有效的仓储运营不仅可以提高企业的运营效率，而且可以帮助企业节约大量的仓储成本。通过智慧仓储的方式，可以有效地节约仓储成本。通过智慧仓储来节约仓储成本的具体措施如下：

（一）采用先进的仓储管理系统

现代化的仓储管理系统可以实时监控库存情况，预测需求，避免库存积压和缺货现象，从而降低库存成本和运输成本。

（二）利用大数据进行精准分析

通过大数据分析，可以准确预测市场需求，合理安排生产和采购计划，避免过度生产和过度采购，从而降低生产成本和采购成本。

（三）实施自动化和智能化的仓储操作

通过自动化设备和智能化系统，可以提高仓储操作的效率，减少人工错误，降低人力成本。

（四）优化仓库布局和货物管理

通过科学的仓库布局和货物管理，可以提高仓库的使用效率，减少不必要

仓储成本
控制

的空间浪费和货物损失，从而降低仓储成本。

（五）建立合理的供应链合作关系

通过与供应商和物流企业建立长期稳定的合作关系，可以获得更优惠的价格和服务，从而降低采购成本和运输成本。

（六）提升员工的仓储管理能力

通过培训和教育，提升员工的仓储管理能力，可以提高仓储操作的效率，减少错误和事故，从而降低人力成本。

综上所述，通过采用先进的技术和管理方法，企业可以实现仓储管理优化，提高运营效率，降低仓储成本。然而，智慧仓储的运营需要企业有足够的投入，需要企业有明确的战略规划和执行力。只有这样，企业才能真正实现仓储管理现代化，实现仓储成本的有效控制。

第二节
智慧仓储绩效管理

一、智慧仓储绩效管理概述

根据中华人民共和国国家标准《仓储绩效指标体系》（GB/T 30331—2021），仓储绩效（warehousing performance）是指在满足订单方面，用于评价各项仓储资源（人力、空间、设备等）利用效率及有效输出的结果。

智慧仓储绩效管理，是指在智慧物流背景下，各级管理者和员工为了达到组织目标而共同参与的绩效计划制订、绩效辅导沟通、绩效考核评价、绩效结果应用、绩效目标提升的持续循环过程。

智慧仓储绩效管理的目的不仅在于持续提升个人、部门和组织的绩效，而且包括提升智慧仓储设备的使用情况。智慧仓储绩效管理是解决仓库无形资产如何有效的创造价值的问题，它针对的是知识、技能和对人的管理。

（一）智慧仓储绩效管理的内容与数据获取

1. 智慧仓储绩效管理的内容

智慧仓储绩效管理的内容主要是基于管理功能或对象来体现的，智慧仓储绩效管理的对象包括库位管理、分拣管理、过程管理、库存管理等。

智慧仓储绩效管理的内容不仅涉及上述四项管理，而且包括四项管理涉及的获取数据的系统，包括自动化存储系统、自动化输送系统、自动化作业系统、自动化计算机系统等。

2. 智慧仓储绩效管理的数据获取

智慧仓储管理系统，采用计算机控制和管理技术，使仓库的功能得以最大限度地发挥，可以为企业提供从存储、自动化输送、自动化生产到成品配送的相关数据。其数据获取自自动化输送系统、自动化立体仓库、AGV小车及分拣机器人、自动分拣系统，以及电子标签系统、密集存储系统等。

将相关信息安全、准确、高效地上传到智慧仓储管理系统，方便绩效管理者获取数据。通过对设备进行智能精确的控制和管理精细化，企业可以快速获取智慧仓储各个模块的数据。通过自身数据的加工处理，可以为智慧仓储决策提供参考和依据。

（二）智慧仓储绩效指标体系制定的基本原则

为了保证仓储绩效评价真正发挥作用，指标体系的科学制定和严格实施非常重要。智慧仓储绩效指标体系制定应遵循的原则如下：

1. 科学性

科学性原则要求所制定的指标体系能够客观、真实地反映仓储管理的所有环节和活动要素。

2. 可行性

可行性原则要求所制定的指标便于工作人员掌握和运用，数据容易获得，便于统计计算，便于分析比较；应充分考虑现有资源和环境约束，以仓储管理目标任务为依据。

3. 协调性

协调性原则要求各项指标之间相互联系、相互制约，但是不能相互矛盾和重复；应平衡绩效考量，既考核财务指标，又考核非财务指标。

4. 可比性

在对指标的分析过程中，很重要的一环是对指标进行比较，所以可比性原则要求指标在期间、内容等方面要一致，具有可比性。

5. 稳定性

稳定性原则要求指标一旦确定，应在一定时期内保持相对稳定，不宜经常变动，频繁修改。执行一段时间后，经过总结再进行改进和完善。

二、智慧仓储绩效指标体系

（一）专项指标

根据中华人民共和国国家标准《仓储绩效指标体系》（GB/T 30331—2021）规定，仓储作业绩效专项指标包括收货、搬运、库存控制、分拣、发运五大类，共12项，具体如表7-1所示。

表7-1　仓储作业绩效专项指标

分类	序号	指标名称
收货	1	平均收货时间
	2	收货效率
	3	收货及时率
	4	收货准确率
搬运	5	搬运效率
库存控制	6	库存准确率（账货相符率）
	7	库存损失率
	8	库存周转率
分拣	9	分拣效率
	10	分拣准确率
	11	分拣及时率
发运	12	发运准时率

（二）综合指标

根据中华人民共和国国家标准《仓储绩效指标体系》（GB/T 30331—2021）规定，仓储作业综合指标共6项，具体指标见表7-2。

表7-2　仓储作业绩效综合指标

序号	指标名称
1	人均订单处理量
2	订单满足率
3	仓库利用率
4	设备利用率
5	仓储成本
6	仓库能耗

三、云仓KPI考核指标

云仓是指将库存放在云服务器中，实现库存在线上线下销售渠道共享、云计算等服务的一种新型仓储模式。云仓的KPI（Key Performance Indicator，关键绩效指标）考核指标是评估云仓业务运营绩效的衡量标准。下面介绍常见的云仓KPI考核指标。

1. 准确率指标

准确率指标包括订单准确率、库存准确率和发货准确率。准确率指标能够衡量云仓在订单处理、库存管理和发货环节的准确度。

2. 订单生命周期指标

订单生命周期指标包括下单时间、备货时间、发货时间和送达时间。下单时间是指客户下单后到订单接收的时间；备货时间是指订单接收后到开始备货的时间；发货时间是指备货完成后到发货的时间；送达时间是指发货后到客户收到货物的时间。订单生命周期指标能够衡量云仓在订单处理过程中的效率和服务水平。

3. 移动计划完成率指标

移动计划完成率指标是指按照计划进行的库位移动的完成率。云仓需要根据库存情况和需求变化不断进行库位调整，以提高库存利用率和配送效率。移动计划完成率能够衡量云仓在库位管理方面的效果。

4. 售后服务指标

售后服务指标包括客户满意度和售后响应时间。客户满意度是指客户对云仓提供的售后服务的满意程度；售后响应时间是指从客户提出问题到云仓响应的时间。售后服务指标能够衡量云仓在售后服务方面的质量和效率。

5. 线上线下销售渠道共享指标

线上线下销售渠道共享指标是指云仓实现线上销售渠道和线下销售渠道的共享情况。云仓通过技术手段将库存在线上和线下销售渠道共享，以提高销售效果和客户满意度。线上线下销售渠道共享指标能够衡量云仓在销售渠道共享方面的程度和效果。

6. 库存周转率指标

库存周转率指标是指库存周转的频率。库存周转率越高，说明云仓的库存管理效率越高，库存周转速度越快，降低了库存占用成本和过期损失风险。库存周转率指标能够衡量云仓在库存管理方面的效率和成本控制能力。

7. 资源利用率指标

资源利用率指标包括人力资源利用率和设备资源利用率。人力资源利用率是指云仓员工的工作效率和利用程度。设备资源利用率是指云仓设备的运行效率和利用程度。资源利用率指标能够衡量云仓在资源利用方面的效率。

综上所述，云仓KPI考核指标是评估云仓业务运营绩效的重要标准，这些指标能够全面衡量和评估云仓在订单处理、库存管理、配送效率、售后服务、销售渠道、资源利用和成本控制等方面的绩效。通过合理设置和衡量这些指标，云仓能够不断优化运营流程，提高效率和服务水平，满足客户需求，最终实现业务增长和持续发展。

四、智慧仓储绩效指标计算方法

（一）专项指标计算

1. 平均收货时间

平均收货时间是指统计期内平均每次收货所使用的时间。其计算公式如下：

$$平均收货时间＝收货总工时/收货总次数$$

式中，平均收货时间单位为小时每次（小时/次），收货总工时单位为小时（h），收货总次数单位为次，收货总次数可用收货总订单个数进行计算。

2. 收货效率

收货效率是指统计期内，单位时间内的平均收货量。其计算公式如下：

$$收货效率＝收货总量/收货总工时$$

式中，收货效率的单位为吨每小时（t/h）［或件每小时（件/h）、或托盘个数每小时（个/h），或订单行数每小时（行/h）或订单个数每小时（个/h）］。收货总量，单位为吨（t）［或件，或托盘个数（个），或订单行数（行），或订单个数（个）］；收货总工时，单位为小时（h）。订单行是组成订单的基本单元，每行描述一种货物的名称、规格、单位、数量等信息。一个订单通常有一个或多个订单行组成。

3. 收货及时率

收货及时率是指统计期内按规定时间完成收货量占总收货总量的比例。其计算公式如下：

$$收货及时率＝规定时间完成收货量/收货总量 \times 100\%$$

式中：规定时间完成收货量，单位为吨（t）[或件，或托盘个数（个），或订单行数（行），或订单个数（个）]；收货总量，单位为吨（t）[或件，或托盘个数（个），或订单行数（行），或订单个数（个）]。

4. 收货准确率

收货准确率是指统计期内准确收货量占收货总量的比例。其计算公式如下：

$$收货准确率 = 准确收货量 / 收货总量 \times 100\%$$

式中：准确收货量，单位为吨（t）[或件，或托盘个数（个），或订单行数（行），或订单个数（个）]；收货总量，单位为吨（t）[或件，或托盘个数（个），或订单行数（行），或订单个数（个）]。

5. 搬运效率

搬运效率是指统计期内单位时间内的平均搬运量。其计算公式如下：

$$搬运效率 = 搬运总量 / 搬运总工时$$

式中：搬运效率，单位为吨每小时（t/h）[或件每小时（件/h），或托盘个数每小时（个/h）]；搬运总量，单位为吨（t）[或件，或托盘个数（个）]；搬运总工时，单位为小时（h）。

6. 库存准确率（账货相符率）

库存准确率（账货相符率）是指统计期内库存货物账货相符量占库存总量的比例。其计算公式如下：

$$库存准确率 = 账货相符量 / 库存总量 \times 100\%$$

式中：账货相符量，单位为吨（t）[或件，或托盘个数（个），或元]；库存总量，单位为吨（t）[或件，或托盘个数（个），或元]。

7. 库存损失率

库存损失率是指统计期内因作业不当造成货物霉变、残损等损失的库存量占库存总量的比例。其计算公式如下：

$$库存损失率 = 库存损失量 / 库存总量 \times 100\%$$

式中：库存损失量，单位为吨（t）[或件，或托盘个数（个），或元]；库存总量，单位为吨（t）[或件，或托盘个数（个），或元]。

8. 库存周转效率

库存周转效率是指统计期内出库量与平均库存量的比值。其计算公式如下：

$$库存周转效率 = 出库量 / 平均库存量$$

式中：出库量，单位为吨（t）[或件，或托盘个数（个）]；平均库存量，单位为吨（t）[或件，或托盘个数（个）]。

其中：平均库存量=（期初库存+期末库存）/2，或平均库存量=∑每日库存/30。

9. 分拣效率

分拣效率是指统计期内单位时间内的平均分拣量，其计算公式如下：

$$分拣效率=分拣总量/分拣总工时$$

式中：分拣效率，单位为吨每小时（t/h）[或件每小时（件/h），或托盘个数每小时（个/h），或订单行数每小时（行/h），或订单个数每小时（个/h）]；分拣总量，单位为吨（t）[或件，或托盘个数（个），或订单行数（行），或订单个数（个）]；分拣总工时，单位为小时（h）。

10. 分拣准确率

分拣准确率是指统计期内分拣准确量占分拣总量的比例。其计算公式如下：

$$分拣准确率=分拣准确量/分拣总量\times100\%$$

式中：分拣准确量，单位为吨（t）[或件，或托盘个数（个），或订单行数（行），或订单个数（个）]；分拣总量，单位为吨（t）[或件，或托盘个数（个），或订单行数（行），或订单个数（个）]。

11. 分拣及时率

分拣及时率是指统计期内按规定时间完成分拣量占分拣总量的比例。其计算公式如下：

$$分拣及时率=规定时间完成分拣量/分拣总量\times100\%$$

式中：规定时间完成分拣量，单位为吨（t）[或件，或托盘个数（个），或订单行数（行），或订单个数（个）]；分拣总量，单位为吨（t）[或件，或托盘个数（个），或订单行数（行），或订单个数（个）]。

12. 发运准时率

发运准时率是指统计期内准时发运量占订单总量的比例。其计算公式如下：

$$发运准时率=准时发运量/订单总量\times100\%$$

式中：准时发运量，单位为吨（t）[或件，或托盘个数（个），或订单个数（个），或发运网点数（个）]；订单总量，单位为吨（t）[或件，或托盘个数（个），或订单个数（个），或发运网点数（个）]。

（二）综合指标计算

1. 人均订单处理量

人均订单处理量是指统计期内订单总数与作业总人数的比值。其计算公式如下：

$$人均订单处理量 = 订单总数 / 作业总人数$$

式中：人均订单处理量，单位为吨每人（t/人）[或件每人（件/人），或托盘个数每人（个/人），或订单行数每人（行/人），或订单个数每人（个/人）]；订单总量，单位为吨（t）[或件，或托盘个数（个），或订单行数（行），或订单个数（个）]；作业总人数，单位为人。

2. 订单满足率

订单满足率是指统计期内按照订单要求完成发货量占订单总量的比例。其计算公式如下：

$$订单满足率 = 按订单要求完成发货量 / 订单总量 × 100\%$$

式中：按订单要求完成发货量，单位为吨（t）[或件，或托盘个数（个），或订单行数（行），或订单个数（个），或元]；订单总量，单位为吨（t）[或件，或托盘个数（个），或订单行数（行），或订单个数（个），或元]。

3. 仓库利用率

仓库利用率是指统计期内实际使用仓库面积占仓库总面积的比例。其计算公式如下：

$$仓库利用率 = 实际使用仓库面积 / 仓库总面积 × 100\%$$

式中：实际使用仓库面积，可用容积、货位等进行计算，单位为平方米（m^2）；仓库总面积，可用容积、货位等进行计算，单位为平方米（m^2）。

4. 设备利用率

设备利用率是指统计期内设备实际使用时间总和占设备可使用时间总和的比例。其计算公式如下：

$$设备利用率 = 设备实际使用时间总和 / 设备可使用时间总和 × 100\%$$

式中：设备实际使用时间总和，单位为小时（h）；设备可使用时间总和，单位为小时（h）。

5. 仓储成本

仓储成本是指统计期内单位面积仓库的仓储运营成本。其计算公式如下：

$$仓储成本 = 仓储总成本 / 仓库总面积$$

式中：仓储成本，单位为元每平方米（元/m^2）；仓储总成本，单位为元；

仓库总面积，可用容积、货位等进行计算，单位为平方米（m²）。仓储成本包括仓储业务人员费用、仓储设施的折旧费、维修保养费、水电费、燃料费与动力消耗费、安保费、相关税金、业务费等。

6. 仓库能耗

仓库能耗是指统计期内单位面积仓库消耗的能源量。其计算公式如下：

$$仓库能耗 = 仓库总能耗 / 仓库总面积$$

式中：仓库能耗，单位为千瓦时每平方米（kW·h/m²）；仓库总能耗，单位为千瓦时（kW·h）；仓库总面积，单位为平方米（m²）。

五、智慧仓储绩效考核方式

根据绩效考核的主体，智慧仓储绩效考核可分为企业内部考核和社会外部考核。

（一）企业内部考核

智慧仓储企业应设立专门的部门或岗位进行企业内部的仓储绩效考核。根据仓储绩效指标与企业的情况，进行自我考核，并与企业的历史比较、与行业标杆比较，进行分析后有针对性地采取改进措施，不断提高企业的仓储绩效。

（二）社会外部考核

由智慧仓储企业向行业组织或相关中介组织申请进行外部考核，并由行业组织树立行业智慧仓储绩效标杆，促进全行业仓储绩效的提高。

第三节
智慧配送成本管理

一、配送成本概述

（一）配送成本的含义

配送成本是指在配送活动的备货、储存、分拣及配货、配装、送货、送达服务及配送加工等环节所发生的各项费用的总和，是配送过程中所消耗的各种活动劳动和物化劳动的货币表现。

（二）智慧配送成本的特征

智慧配送成本具有以下特征：

1. 配送成本的隐蔽性

如同物流成本冰山理论指出的一样，要想直接从企业的财会业务中完整地提取出企业发生的配送成本是难以办到的。企业一般通过"销售费用""管理费用"科目可以看出部分配送费用情况，但这些科目反映的费用仅仅是部分配送成本，即企业对外支付的配送费用，并且这一部分费用往往混杂在其他有关费用中。

2. 配送成本削减具有乘数效应

降低物流成本相当于增加了销售额，而且这种成本削减具有乘数效应。对于配送成本而言，配送成本的削减同样相当于增加了销售额，且这种成本削减同样具有乘数效应。

例如，假定销售额为1 000元，配送成本为100元。如果配送成本降低10%，就相当于得到10元的利润。假如这个企业的销售利润率为2%，则创造10元的利润，需要增加500元的销售额，即降低10%的配送成本所起的作用相当于销售额增加50%。这种配送成本削减的乘数效应是很明显的，可以预见，随着智慧配送技术的发展，成熟的智慧配送应用将为企业节约相当可观的配送成本。

3. 配送成本的"二律背反"

"二律背反"是指同一资源的两个方面处于相互矛盾的关系之中，要达到一个目的必然要损失一部分另一个目的；要追求一方，必定舍弃另一方的一种状态。

配送成本与配送服务之间存在"二律背反"：一般来说，提高配送服务，配送成本上升，成本与服务之间受收益递减法则的支配；处于高水平的配送服务时，成本增加而配送服务水平不能按比例相应提高。管理者在选择时应注意权衡利弊，用综合的方法来求得两者之间的平衡。

智慧仓配与中国经济

布局智慧仓储　实现物流降本增效

在全球化进程的推进与大数据、人工智能、物联网等技术蓬勃发展的背景下，传统物流行业面临着转型升级的新挑战，新质生产力成为了物流行业转型升级的关键因素。智慧物流带来了资源的优化配置，降低了产业链的运营和管理成本。国家近几年高密度发布相关产业政策支持文件，持续推动物流行业的智慧化建设。物流企业陆续开拓新业务，寻求服务创新以驱动未来的利润增长；电商企业因其物流的独特性纷纷自建智慧仓储，在需求波动较大时保证物流效率并实现人工成本控制；制造企业在不断优化物流链，大力投入物流设备以实现资源合理调配。

智慧仓储建设成为物流企业降本增效的有效手段。仓储、运输和配送是物流链的三个基本环节，其中，仓储环节占用货主企业资金最多。此外，相比于运输和配送，仓储环节由于应用环境相对简单可控，现已有更多先进成熟的技术支持。高资金占用、智慧技术相对成熟，通过智慧化手段实现降本增效使仓储环节相对其他环节投入回报率更高。

智慧仓储的管理和调度中，自动化设备、无人机、智能识别等智慧化手段可以实现库存的优化和控制，提高物流链的反应速度。建设和升级智慧仓储成为实现降本增效的"捷径"。现在，自动化和无人化是智慧仓储发展的主要方向。智慧仓储内，应用自动化技术可超越人工的作业效率并降低差错率；无人化技术则能实现仓内各种工作区域的无障碍连接，这在不适宜人工作业的区域尤其重要。此外，无人化技术还可以平衡订单流量不稳定带来的人工成本过剩。苏宁超级云仓效率是人工拣选的10倍以上，日处理货物高达181万件；京东物流无人仓的拆零拣选作业的效率是传统作业模式的8倍以上，拣货准确率可达到99.99%。仓储的自动化和无人化不仅实现了惊人的效率增长，还极大提升了分拣的精确度。

布局智慧仓储对中国经济发展和新质生产力发展具有重要意义。布局智慧仓储不仅能提高仓储效率，减少人力成本，还能优化库存管理，降低运营风险。智慧仓储以高效的成果展现了新质生产力在提升效率方面的巨大潜力，推动仓储的智能化发展，提高企业的竞争力和市场占有率，激励各行各业不断探索利用新科技提升生产效率的途径。

二、智慧配送成本的构成

配送的主体活动是配送运输、分拣、配货及配载。其中，分拣和配货是配送的独特环节。以送货为目的的配送运输是最后实现配送的主要手段，因此，实践中也常常将配送简化成运输中的一种。综上所述，智慧配送成本一般由以下费用构成：

（一）配送运输费用

配送运输费用主要包括以下方面：

1. 车辆费用

这是指从事配送运输生产而发生的各项费用。具体包括车辆的购置费用、燃料、轮胎、修理费、折旧费、养路费、车船税等项目。

2. 营运间接费用

这是指营运过程中发生的不能直接计入各成本计算对象的站、队经费。包括站、队人员的工资及福利费、办公费、水电费、折旧费等内容，但不包括管理费用。

（二）分拣费用

分拣费用包括分拣人工费用和分拣设备费用。

1. 分拣人工费用

这是指从事分拣工作的作业人员及有关人员工资、奖金、补贴等费用的总和。

2. 分拣设备费用

这是指分拣机械设备的折旧费用及修理费用。

（三）配装费用

配装费用包括配装材料费用、配装辅助费用和配装人工费用。

1. 配装材料费用

常见的配装材料有木材、纸、自然纤维和合成纤维、塑料等。这些配装材料功能不同，成本也相差很大。

2. 配装辅助费用

除上述费用外，还有一些辅助性费用，如包装标记、标志的印刷、拴挂物等的支出。

3. 配装人工费用

这是指从事配装工作的工人及有关人员的工资、奖金、补贴等费用总和即配装人工费用。

（四）流通加工费用

流通加工费用包括流通加工设备费用、流通加工材料费用和流通加工人工费用。

1. 流通加工设备费用

流通加工设备因流通加工形式不同而不同，购置这些设备所支出的费用，将以流通加工费用的形式转移到被加工产品中去。

2. 流通加工材料费用

这是指在流通加工过程中，投入加工过程中的一些材料消耗所需要的费用，即流通加工材料费用。

3. 流通加工人工费用

这是指在流通加工过程中从事加工活动的管理人员、工人及有关人员工资、奖金等费用的总和。

在实际应用中，应该根据配送的具体流程归集成本，不同的配送模式，其成本构成差异较大。在相同的配送模式下，由于配送物品的性质不同，其成本构成差异也很大。

三、不合理配送的表现形式

配送过程中，时常会出现不合理配送的情况，导致配送成本增加。不合理配送的表现形式如下：

（一）资源筹措不合理

资源筹措不合理主要表现在配送量计划不准、资源筹措过多或过少、在资源筹措时未考虑与资源供应者之间建立长期稳定的供需关系等。

（二）库存决策不合理

库存决策不合理主要表现在库存量过大，造成库存成本增加；或者库存量过小，造成缺货损失。

（三）中转与直达的决策不合理

一般来说，配送的中转过程会增加一些环节，但是这些环节的增加，可降低企业的平均库存水平，不但抵消了增加环节的支出，而且还能取得剩余效益。

但是，如果客户对某种或某些货物的需求量较大，则可以直接通过批量进货来节约成本。在这种情况下，若仍通过配送中转送货，反而会增加成本。

（四）送货过程不合理

送货过程不合理主要表现在车辆欠载及送货线路不合理等。

（五）经营观念不合理

经营观念不合理主要表现在配送企业利用配送手段向客户转嫁自身的库存困难：在库存量过大时，强迫客户接货，以缓解自己的库存压力；在资金紧张时，长期占用客户资金；在资源紧张时，将资源挪作他用并从中获利等。

四、智慧配送成本优化途径

智慧配送成本优化是指利用先进的技术和系统，通过自动化和智能化的方式提高运输效率，降低配送成本的过程。实现智慧配送成本优化的途径主要有以下几种。

（一）优化路线规划

通过使用智能化配送系统，可以根据订单的地理位置和配送要求，自动计算最优的配送路线。这样可以避免不必要的绕行和重复行驶，节省时间和燃料。

（二）实时监控与调度

智能化配送系统可以实时监控配送车辆的位置和状态。配送车辆配备了GPS等定位设备，可以随时了解车辆的位置和行驶情况。通过实时监控，配送中心可以对配送车辆进行调度，合理安排车辆的出发时间和路线，避免拥堵和延误，提高配送效率。

（三）智能化仓储管理

智慧配送不仅包括配送车辆的调度和路线规划，还包括仓储管理。智能化仓储管理系统可以根据订单的需求和优先级，自动将货物放入合适的仓库区域，减少人工操作和错误，提高仓储效率，降低配送成本。

（四）车辆自动化装卸

智慧配送还可以通过配送车辆的自动化装卸来降低配送成本。配送车辆配备了自动化装卸设备，可以在配送点自动装卸货物，减少装卸的人工操作和时间成本，提高装卸效率。

（五）数据分析与优化

智能化配送系统可以收集大量的配送数据，如配送时间、运输里程、燃料消耗等。通过对这些数据进行分析，可以找出配送过程中的瓶颈和不足之处，并进行优化。例如，可以通过分析数据来确定最佳的配送时间，避开高峰期，减少等待时间和拥堵，进一步降低配送成本。

智慧配送通过优化路线规划、实时监控与调度、智能化仓储管理、车辆自动化装卸和数据分析与优化等步骤，可以降低配送成本。这不仅可以提高配送效率，减少时间和燃料的浪费，还可以减少人工操作和错误，避免损失。因此，智慧配送在现代物流领域具有重要的意义。

智慧配送绩效管理

在进行智慧配送绩效管理时，应确定配送人员的服务行为规范，遵循绩效考核的各项原则并贯彻执行配送绩效考核的各项程序。

一、智慧配送绩效考核原则

智慧配送绩效考核时，应遵循下列原则：

（一）公平原则

公平是确立和推行绩效考核制度的前提。不公平，就不可能发挥考核应有的作用。

（二）严格原则

考核不严格，就会流于形式，形同虚设。考核不严格，不仅不能全面地反映工作人员的真实情况，而且会产生消极的后果。具体要求包括：要有明确的考核标准；要有严肃认真的考核态度；要有严格的考核制度与科学的程序及方法等。

（三）单头考核原则

对配送人员的考核，都必须由被考核者的直接上级进行。直接上级相对来说更了解被考核者的实际工作表现（成绩、能力、适应性），也是最有可能反映真实情况的人。间接上级（即上级的上级）对直接上级作出的考核评语，不应当擅自修改。单头考核明确了考核的责任所在，并且使考核系统与组织指挥系统取得一致，更有利于加强经营组织的指挥机能。

（四）结果公开原则

考核的结果应对本人公开，这是保证考核公平公正的重要手段。一方面，可以使被考核者了解自己的优点和缺点，从而使考核成绩好的人再接再厉，继续保持先进；也可以使考核成绩不好的人心悦诚服，奋起上进。另一方面，还有助于防止考核中可能出现的偏见以及种种误差，以保证考核的公平与合理。

（五）奖惩结合原则

依据考核的结果，应根据工作成绩的大小、好坏，有赏有罚，有升有降。这种赏罚、升降不仅与精神激励相联系，还必须通过工资、奖金等方式同物质激励相联系。

（六）客观考核原则

应当根据明确规定的考核标准，针对考核资料进行客观评价，尽量避免掺入考核人的主观想法和感情色彩。

（七）反馈原则

考核的结果（评语）一定要反馈给被考核者本人，否则就起不到考核的教育作用。在反馈考核结果的同时，应当向被考核者就评语进行说明解释，肯定其成绩和进步，说明不足之处，提供今后努力的参考意见等。

（八）差别原则

考核等级之间应当有明显的差别界限，针对不同的考核评语在工资、晋升、使用等方面应体现明显差别，使考核带有激励性，鼓励被考核者奋发上进。

二、智慧配送绩效考核程序

智慧配送绩效考核程序分为准备阶段、实施阶段、反馈阶段和考核结果运用阶段。

（一）准备阶段

准备阶段的工作包括：确定考核主体、确定考核时机、确定考核内容，以及确定考核周期。

1. 确定考核主体

一般考核主体包括上级部门、主管领导、同级员工、下级员工、专家与被考核人。当同级员工和下级员工作为考核主体时，要确保人数在5人以上，以保证考核结果的真实性。

2. 确定考核时机

为了保证考核结果的准确性，对考核时机的选择尤为重要。选择考核时机要参考以下三方面的因素：

（1）避免选择组织气氛欠佳和工作繁忙时进行考核。

（2）考核时间不宜过长，应快速完成考核相关内容。

（3）接近年底，应将年终评比、成果鉴定、各项激励措施结合在同一时期进行考核。

3. 确定考核内容

智慧配送绩效考核内容分为配送前考核、配送中考核、配送后考核三部分。各考核内容中的绩效评估指标如表7-3所示。

表7-3 智慧配送绩效考核内容及考核评估指标

考核内容	权重		评估指标
配送前考核	30%	30%	分拣准确率
		30%	紧急订单响应率
		40%	按时发货率
配送中考核	50%	25%	配送延误率
		20%	货物破损率
		20%	货物差错率
		20%	货物丢失率
		15%	签收单返回率
配送后考核	20%	30%	通知及时率
		30%	投诉处理率
		40%	客户满意度

4. 确定考核周期

考核周期应采用月度考核与年度考核。月度考核结果决定配送人员当月绩效评估得分，并作为绩效工资发放标准；年度考核将配送人员当年各月考核评估得分进行汇总，并按照年考核次数得出年平均考核得分，结合部门主管的意见，作为年终奖的发放依据。

（二）实施阶段

实施阶段的工作内容包括绩效考核说明、绩效考核指导、自我绩效评价，以及部门主管考核。

1. 绩效考核说明

配送部门主管在进入考核周期之前应与配送人员进行绩效考核沟通，明确考核目标与考核标准。

2. 绩效考核指导

在考核周期内配送部门主管需要对被考核的配送人员进行绩效指导，以帮助其随时保持正确的工作方法，以保证绩效考核目标的顺利达成。

3. 自我绩效评价

配送部门主管在考核周期结束之前应向被考核配送人员下发考核表，指导其对照绩效目标进行自我绩效评价。

4. 部门主管考核

被考核配送人员完成自我绩效评价后上交考核表，由配送部门主管对照绩效目标进行考评，其结果按照得分划分为以下几个等级，如表7-4所示。

表7-4　评分等级表

考核标准	杰出	优秀	良好	普通	需要改进
绩效评估得分	95分以上	86~95分	76~85分	60~75分	60分以下
绩效评分等级	A	B	C	D	E

（三）反馈阶段

配送部门主管需要与被考核配送人员进行面谈，将考核评分结果告知被考核者，并一同分析考核结果，制定具体的改进措施。

（四）考核结果运用阶段

考核结果运用阶段的工作内容包括月度绩效工资发放、年终奖金发放，以及员工培训。

1. 月度绩效工资发放

根据当月被考核配送人员的绩效评估得分、等级确定绩效工资发放比例，发放比例标准应根据企业实际情况进行制定。

2. 年终奖金发放

年度考核将配送人员当年各月考核评估得分进行汇总，并按照年考核次数得出年平均考核得分，按其分数进行年终奖金发放。

3. 员工培训

企业可根据配送人员的年度考核情况安排对应的员工培训：考核等级为A级和B级的员工，有资格享受企业安排的提升带薪培训；考核等级为C级与D级的员工，可以申请相关培训，经部门主管与人力资源部批准后方可参加；考核等级为E级的员工，必须参加由企业安排的适职培训。

同步测试

一、单选题

1. 仓储成本管理的任务是对企业物流运作进行经济分析，了解物流过程中的经济现象，以更低的物流成本创造更高的（　　　）效益。

    A. 经济　　　　　　B. 社会　　　　　　C. 物流　　　　　　D. 经营

2. 配送人员考核内容分为配送前考核、配送中考核、配送后考核三部分，配送后阶段考核指标不包括（　　　）。

    A. 按时发货率　　　　　　　　　B. 通知及时率

    C. 投诉处理率　　　　　　　　　D. 客户满意度

3. 下列选项中，（　　　）不属于造成货物损失的原因。

    A. 管理人员的人为破坏　　　　　B. 货物本身的物理、化学性能损耗

    C. 搬运过程中的机械损坏　　　　D. 仓储过程中的操作失误

4. 统计期内，出库量与平均库存量的比值是（　　　）。

    A. 库存准确率　　　　　　　　　B. 分拣准确率

    C. 库存周转效率　　　　　　　　D. 分拣及时率

5. 仓储绩效是指在满足订单方面，用于评价各项（　　　）利用效率及有效输出的结果。

    A. 仓储成本　　　B. 仓储资源　　　C. 仓储人力　　　D. 仓储设备

二、多选题

1. 降低仓储成本的措施包括（　　　　　）。

    A. 采用先进的仓储管理系统

    B. 利用大数据进行精准分析

    C. 实施自动化和智能化的仓储操作

    D. 优化仓库布局和货物管理

2. 智慧仓储成本的构成包括（　　　　　）等。

    A. 保管费　　　　　　　　　　　B. 仓库人员的工资和福利费

    C. 折旧费　　　　　　　　　　　D. 管理费用

3. 智慧仓储绩效指标体系制定应遵循的原则有（　　　　　）和稳定性。

    A. 科学性　　　B. 可行性　　　C. 协调性　　　D. 可比性

4. 根据《仓储绩效指标体系》（GB/T 30331—2021）规定，下列选项中属于仓储作业综合指标的有（　　　　　）。

A. 仓储成本   B. 订单满足率

C. 库存周转率   D. 仓库利用率

5. 云仓的KPI考核指标是评估云仓业务运营绩效的衡量标准。常见的云仓KPI考核指标包括（   ）。

A. 准确率指标   B. 订单生命周期指标

C. 移动计划完成率指标   D. 售后服务指标

三、判断题

1. 仓储成本管理是指用经济的办法实现储存的功能，在保证储存功能实现的前提下，尽量减少投入的过程。（   ）

2. 货物的仓储成本主要是指货物保管的各种支出。（   ）

3. 稳定性原则要求指标一旦确定之后，应在一定时期内保持相对稳定，不宜经常变动、频繁修改。（   ）

4. 对配送人员进行考核，考核的结果应对本人公开，这是保证考核公平公正的重要手段。（   ）

5. 一般来说，提高配送服务，配送成本上升，成本与服务之间受收益递减法则的支配。（   ）

综合实训

拟定某连锁经营企业仓储绩效考核方案

一、实训目的

锻炼学生开展实际仓储绩效考核的能力。

二、实训步骤

1. 了解实训任务背景。2023年年末，江西某连锁经营企业将要对仓储部门进行考核，通过考核来检验今年的业绩情况。通过考核可以了解部门是否实现了今年的经营目标，企业运营方面还存在哪些问题，从而改进企业目前存在的问题。现在总经理委托人事部门主管和仓储主管进行考核，要求设计考核指标和标准，制定考核表。考核内容要求全面、科学，不仅要对仓储部门的绩效进行全面的考核，而且要对仓储部门的相关人员进行考核。仓储部门设有入库员、配货员和仓库文员岗位，考核周期以月为基本单位。

2. 根据连锁经营企业仓储部门的考核要求，设计仓储绩效考核指标，制定仓储部门相关人员考核标准。

3. 记录实训学习的收获及心得体会。

三、实训要求

1. 将全班分成8组，每组5~6人，每组设组长一名。
2. 学生应积极参与，具有团队合作意识。

四、实训成绩

每位学生的成绩由两部分组成：课堂讨论成绩（30%）和总结成绩（70%）。

参考文献

［1］张扬. 仓储与配送管理实务［M］. 2版. 北京：中国人民大学出版社，2023.

［2］薛威. 仓储作业管理［M］. 4版. 北京：高等教育出版社，2022.

［3］甘卫华，傅维新，徐静. 现代物流基础［M］. 4版. 北京：电子工业出版社，2020.

［4］郑少峰，张春英. 现代物流信息管理与技术［M］. 2版. 北京：机械工业出版社，2022.

［5］贺登才，刘伟华. 现代物流服务体系研究［M］. 2版. 北京：中国财富出版社，2018.

［6］张振华. 现代物流装备［M］. 北京：机械工业出版社，2021.

［7］柳荣. 智能仓储物流、配送精细化管理实务［M］. 北京：人民邮电出版社，2020.

［8］郭汉尧. 仓储管理常见问题清单［M］. 北京：地震出版社，2021.

［9］王若兰. 粮食仓库仓储技术与管理［M］. 北京：中国轻工业出版社，2021.

［10］张旭凤. 仓储与库存管理［M］. 北京：北京大学出版社，2022.

［11］党争奇. 智能仓储管理实战手册［M］. 北京：化学工业出版社，2020.

［12］王猛，魏学将，张庆英. 智慧物流装备与应用［M］. 北京：机械工业出版社，2021.

［13］胡玉洁，李春花. 仓储与配送管理［M］. 北京：北京理工大学出版社，2020.

主编简介

程兆兆，中共党员，副教授，经济师，江西现代职业技术学院商务学院党总支副书记、副院长，全国物流职业教育教学名师。中国物流与采购联合会物流与供应链人力资源专业委员会常务理事，江西省物流与采购联合会专家库专家，江西省职业院校教师素质提高计划专家库专家，全国运输职业教育教学指导委员会交通运输类专业教师信息化教学能力大赛评审专家，中国国际货运代理协会全国物流服务师职业技能竞赛裁判，江西省"振兴杯"赣鄱工匠职业技能"物流服务师"项目技术专家组长。

李滨，中共党员，副教授，工程师、高级技师，江西省技术能手，江西现代职业技术学院商务学院副院长，2023年江西省"振兴杯"职业技能大赛物流服务师赛项裁判长，2020年全国职业院校技能大赛高职组货运代理赛项裁判，第45届世界技能大赛货运代理赛项江西选拔赛专家组专家。研究方向为物流管理，讲授课程主要有："现代物流基础""智慧仓配运营管理""国际物流与货运代理"。多次指导学生参加国家级、省级职业技能竞赛荣获一、二、三等奖。主编、副主编教材4本，在省级以上期刊发表论文16篇，获得新型实用专利4项。主持江西省职业院校精品在线开放课程"仓储管理技术"；参与江西省高等职业教育专业教学资源库子项目"物流管理"的建设。

郑重声明

高等教育出版社依法对本书享有专有出版权。任何未经许可的复制、销售行为均违反《中华人民共和国著作权法》，其行为人将承担相应的民事责任和行政责任；构成犯罪的，将被依法追究刑事责任。为了维护市场秩序，保护读者的合法权益，避免读者误用盗版书造成不良后果，我社将配合行政执法部门和司法机关对违法犯罪的单位和个人进行严厉打击。社会各界人士如发现上述侵权行为，希望及时举报，我社将奖励举报有功人员。

反盗版举报电话 （010）58581999　58582371

反盗版举报邮箱　dd@hep.com.cn

通信地址　北京市西城区德外大街4号　高等教育出版社知识产权与法律事务部

邮政编码　100120

读者意见反馈

为收集对教材的意见建议，进一步完善教材编写并做好服务工作，读者可将对本教材的意见建议通过如下渠道反馈至我社。

咨询电话　400-810-0598

反馈邮箱　gjdzfwb@pub.hep.cn

通信地址　北京市朝阳区惠新东街4号富盛大厦1座

　　　　　高等教育出版社总编辑办公室

邮政编码　100029

防伪查询说明

用户购书后刮开封底防伪涂层，使用手机微信等软件扫描二维码，会跳转至防伪查询网页，获得所购图书详细信息。

防伪客服电话 （010）58582300

网络增值服务使用说明

授课教师如需获取本书配套教辅资源，请登录"高等教育出版社产品信息检索系统"（xuanshu.hep.com.cn），搜索本书并下载资源。首次使用本系统的用户，请先注册并完成教师资格认证。

高教社高职物流专业QQ群：213776041